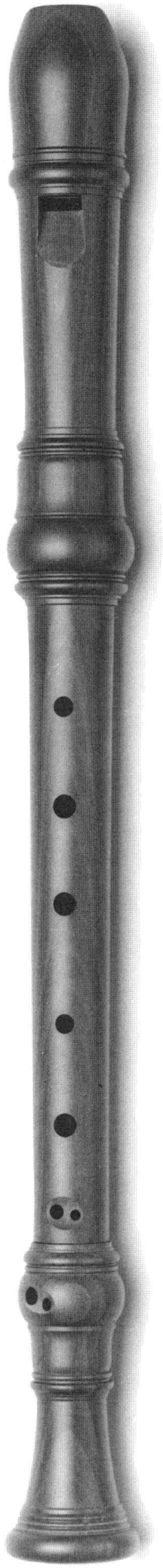

Claire Schmid

Vivacetto

Begleitheft zu *Vivace*, ein Lehrgang für Altblockflöte

Verlag
Claire Schmid
CH-8315 Lindau

Zeichnungen: ©: Pierre Baltensperger, CH-8001 Zürich
Fotos: S. 5,6,7: C. Sch. / S. 7: H. Schäfer, D-90482 Nürnberg, / S. 25: S. Schimert, CH-8008 Zürich / S. 35: L. Hidber, Oshakati, Namibia / S. 69 : Susanne Danegger, Foto-Agentur Sutter, CH- 4419 Lupsingen / S. 3 und S. 78: Schweiz. Tourismus, CH-8027 Zürich / S. 80: Davos Tourismus, 7270 Davos-Platz

Viele Freunde und Bekannte haben zum Gelingen dieses Buches beigetragen. Speziell möchte ich Herrn André Fischer vom Konservatorium Zürich danken, der mir auf liebenswürdige Art alles Musikalische korrigiert und mich beraten hat. Herr Urs Haenggli, Zürich, hat viel zum Teil über zeitgenössische Spieltechniken beigetragen. Auch ihm danke ich für die angenehme Zusammenarbeit.

Mein Mann Hanspeter und unsere Kinder Lukas, Salome und Nathanael haben oft Hausarbeiten übernommen, damit ich mehr Zeit am Computer verbringen konnte. Ganz herzlichen Dank für eure Unterstützung, euer Verständnis und Mitdenken!

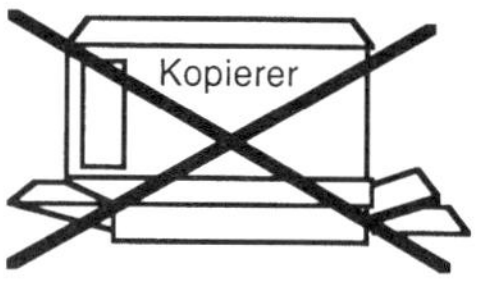

Liebe grosse und kleine Musikerinnen und Musiker

Weshalb nicht kopieren? Es ist doch so bequem, naheliegend und einfach! Aber ich muss es leider sagen: **Kopieren ist gestohlen!** Bedenken Sie, ich habe in jede Seite viel Arbeit investiert, teure Computerprogramme und Geräte angeschafft etc.

Sie dürfen nun aber mit gutem Gewissen aus diesem Buch kopieren, wenn Sie pro Kopie das bezahlen, was jeder, der dieses Heft kauft, für eine Seite auch bezahlt:

Euro -.10 / DM. -.20 / öS 1.50 pro Kopie

auf folgende Konti (Verwendungszweck: 'für Kopien ***Vivacetto***):

für Deutschland: **Notenversand Else Laugwitz, untere Markenhalde 14, 72461 Albstadt**
Sparkasse Zollernalb, 72461 Albstadt, Girokonto 33 025 090, BLZ 653 512 60

für Oesterreich: **Notenversand Christa Summer, Angelika-Kauffmann-Str. 22, 6845 Hohenems**
Raiffaisenbank Hohenems, Girokonto 55.087, BLZ 37 438

1. Auflage: 1999

Notensatz, Gestaltung, © : Claire Schmid, CH-8315 Lindau, Schweiz
Druck : Jordi AG, CH-3123 Belp

ISBN: 3-9520393-7-3

Liebe Blockflötenlehrerinnen, liebe Blockflötenlehrer

Vivacetto ist wie ein Buffet mit verschiedenen Speisen: Bedienen Sie sich mit dem, was Ihren Schülerinnen und Schülern im Moment am besten bekommt und was in Ihren Unterricht passt.

Vivacetto möchte jungen Musikantinnen und Musikanten ein allgemeines musikalisches Verständnis vermitteln.

Viele Spiele, Anregungen und Übungen können später bei andern Liedern und Stücken wiederholt werden (mehr Töne, andere Tonart, verschiedener Rhythmus etc.).

Kopieren Sie Seite 18, wenn Sie Notenpapier benötigen.

Besprechen Sie die Aufgaben mit den Schülerinnen und Schülern. Ich habe die Anweisungen bewusst knapp gehalten.

Nun wünsche ich Ihnen viel Vergnügen mit ***Vivace*** und ***Vivacetto***!

Claire Schmid

TEIL 1: Seiten 4 bis 17

Zusammenfassungen von blockflötenspezifischen Themen und Musiktheorie

TEIL 2: Seiten 19-61

An Stücke in ***Vivace*** geknüpft:

Anregungen
Tipps
Übungen
Vertiefung der Theorie
Harmonielehre
Tonleitern
Dreiklänge
usw.

TEIL 3: Seiten 62 bis 81

Zeitgenössische Spieltechniken

Zur Pflege der Blockflöte

Lass die einzelnen Teile deiner Flöte nach dem Spielen offen liegen, damit sie austrocknen können! So kannst du einen Ständer für deine Flöte(n) basteln: Bohre in ein kleines Holzbrett Löcher und stecke Rundstäbe hinein. Auf diese stellst du die Flötenteile.

Lege dein Instrument nie auf einen Heizkörper oder an die Sonne! Wenn du im Winter eine dicke Jacke trägst, wickle auch deine Flöte in ein warmes Tuch ein.

Nicht imprägnierte Holzflöten müssen von Zeit zu Zeit geölt werden. Mandelöl hat sich dazu bewährt. Da Ölen aber verstanden sein muss, frage deine Lehrperson, dich dabei anzuleiten.

In der kalten Jahreszeit schrumpft der Kork der Zapfen durch die trockene Luft. Durch Einschmieren mit Fett (Vaseline) hält die Flöte wieder besser zusammen.

Wenn du deinen Flötenkopf vor dem Spielen in der Hosentasche oder sonst in Körpernähe vorwärmst, wird die Flöte weniger schnell heiser beim Spielen.

So heissen die verschiedenen Teile deiner Blockflöte

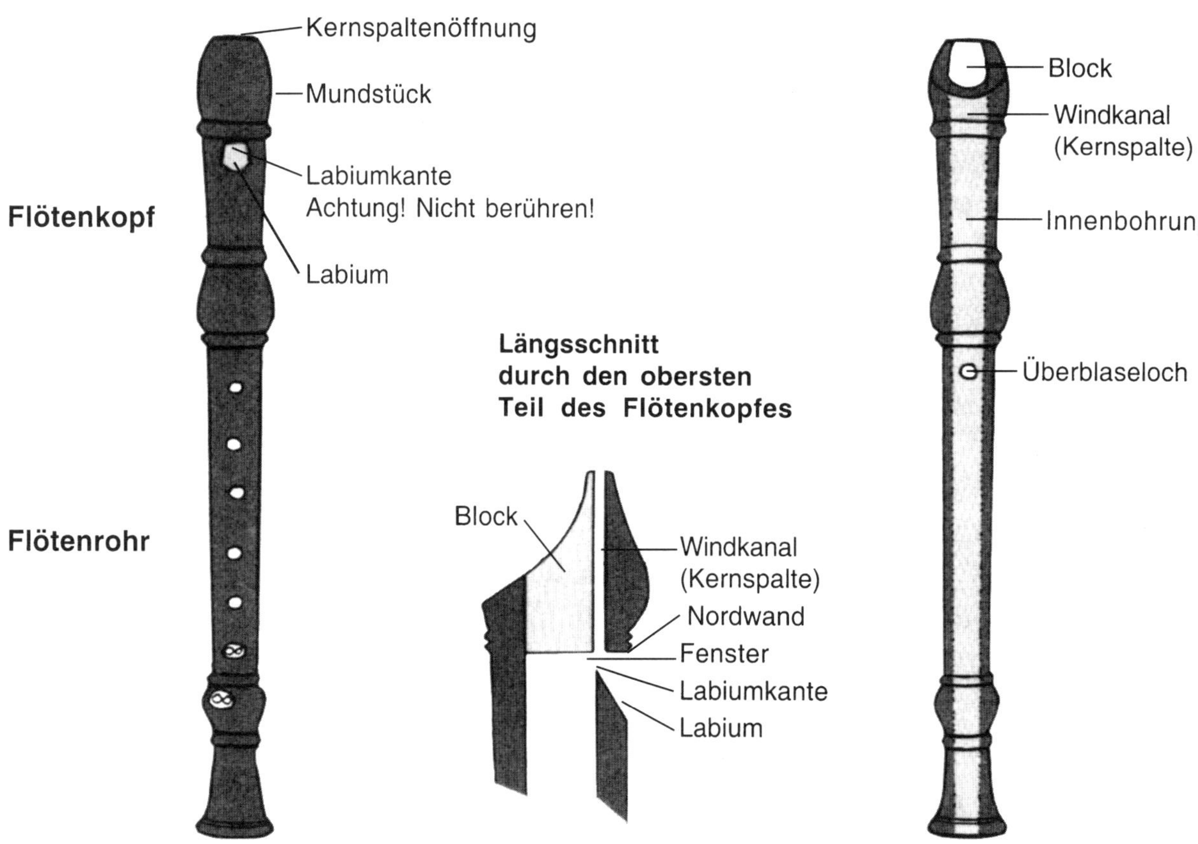

Ein paar Tipps zum Üben

Nicht nur Sportler, auch Musiker brauchen tägliches Training.

1. Übe lieber kurz, dafür öfter.
2. Es ist besser langsam und richtig zu spielen, als schnell und ungenau.
3. Bezeichne schwierige Stellen und übe sie wiederholt zuerst langsam, dann schneller.
4. Spiele immer so, als ob dir jemand zuhören würde.
5. Lerne ab und zu ein Stück auswendig.
6. Einfach alles einmal durchspielen genügt nicht.
7. Nimm dir eine bestimmte Zeit zum Üben vor.
8. Du kannst dir auch einen Übungsplan machen, z. B: Jeden Tag ein Stück ganz genau üben und die andern nur zweimal spielen.
9. Warum nicht einmal mit einer Freundin oder einem Freund zusammen üben?
10. Wem und wann könntest du etwas vorspielen? Deiner Mutter zum Geburtstag? Wenn der Grossvater zu Besuch kommt? Der kranken Freundin? Der Nachbarin im Alterswohnheim?

Kopieren? Siehe Seite 2.

Haltung

Fühle dich wie ein berühmter Solist, wenn du Flöte spielst. Denke immer: „Ich bin ein guter Musiker!" „Ich kann es!" „Fehler sind nicht schlimm, das nächste Mal geht es besser." „Die andern freuen sich an meiner Musik!" Stelle dir vor, dass du mit deinem Spiel eine ganz wichtige Mitteilung weitergibst!

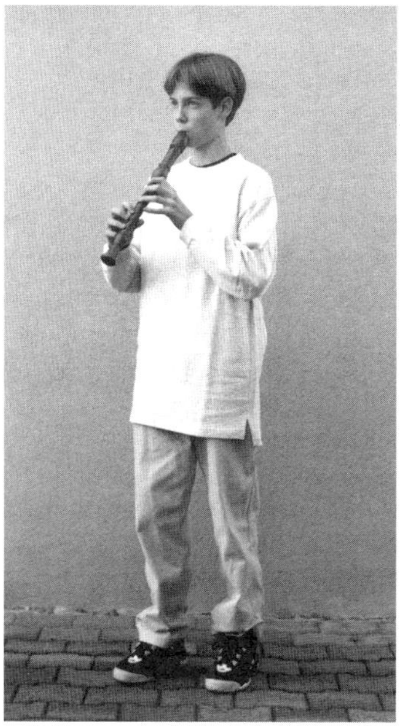

Wenn du sitzt, **sitze** vorn auf der Stuhlkante und stelle beide Füsse auf den Boden.

Stell dir vor: Du **stehst** wie eine einfache Marionette: An den Fäden zum Kopf und zu den Achseln bist du aufgehängt. Diese Fäden sind so befestigt, dass ihre Länge unveränderbar ist. Das heisst, du kannst die Achseln nicht heben und den Kopf nicht fallen lassen. Die beweglichen Fäden der Handgelenke sind so montiert, dass die Ellbogen den Körper nicht berühren. Marionetten die stehen, haben nie durchgestreckte Kniegelenke und kein hohles Kreuz.

Die Fingerstellung:

- Schüttle beide Hände und lege sie dann locker auf eine **unsichtbare** Flöte.
- Tanze mit den Fingern auf den (unsichtbaren) Löchern.
- Lege die Finger auf die (unsichtbaren) Löcher und hebe und senke sie **höchstens einen Zentimeter** einzeln und in Gruppen (linken Daumen nicht vergessen)!
- Nimm deine Flöte in die Hände und mache dasselbe. Die Finger liegen senkrecht zur Flöte und flach auf den Tonlöchern.

Der linke Daumen:
Für die überblasenen Töne zieht sich der Daumen leicht zurück oder winkelt sich leicht an und gibt drucklos einen Teil des Loches frei. Achtung: Immer nur das vorderste Gelenk bewegen, Arm und Hand bleiben ruhig. Bei ganz hohen Tönen darf nur ein kleiner Spalt frei sein. Das erreicht man durch 'Kneifen', das heisst, die Daumenspitze rutscht leicht ins Loch hinein, so dass man mit dem kurz geschnittenen Fingernagel die Grösse der Öffnung genau dosieren kann.

Die Mundstellung:
Lege deine Flöte zwischen die lockeren Lippen. Sie darf die Zähne nicht berühren.

Die Zungenstellung:
Die Zungenränder berühren die oberen Zahnreihen wie beim „eee", wenn du „Jeeee!" rufst. Mit der Zungenspitze ‚sprechen' wir die Artikulationssilben „dü", „tü" etc. (siehe Seite 8).

‚C'est le ton qui fait la musique'

oder: Atemführung - Voraussetzung für Tongestaltung und Klangfarbe

Wir alle können atmen. Das Ziel einer richtigen Atmung beim Flötenspiel ist ein schöner, ausdrucksvoller, ausgeglichener Ton und eine ansprechende Klangfarbe. Wir müssen lernen so einzuatmen, dass wir beim Ausatmen den **Atem führen**, verlängern, bremsen können. Der Atem muss der Melodie und dem Charakter des Stückes angepasst werden.

Die Voraussetzung dazu ist die **Zwerchfell- oder Bauchatmung.** Sie heisst so, weil sich dabei das Zwerchfell (Muskelplatte zwischen Bauch und Brust) hebt und senkt. Das hat zur Folge, dass beim Einatmen der Bauch grösser wird. Wenn du auf dem Rücken liegst, atmest du automatisch so. Mache deshalb folgende Übungen, **um zu spüren**, wie du beim Spielen atmen sollst.

1. Du liegst auf dem Boden mit einem schweren Buch auf dem Bauch.
   Hebe und senke das Buch mit der Bauchmuskulatur.
   Versuche das Buch ein Weilchen oben zu halten. Vielleicht gibt dir jemand etwas Gegendruck.

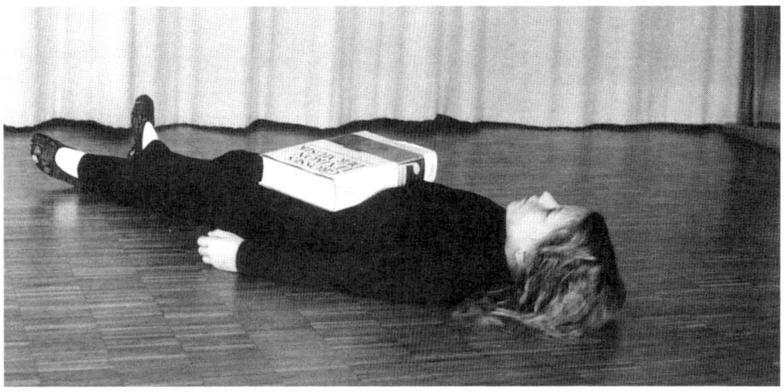

Achtung:
Achseln bleiben unten,
Brust bewegt sich nicht.

2. Dasselbe wie Übung 1, aber atme dazu durch den Mund ein und aus.

3. So spürst du das **Zwerchfell**: Hechle wie ein durstiger Hund (wenig einatmen, die gleiche Menge ausatmen), und lass dabei das Buch oben. Es vibriert nun. Kannst du es 10 Sekunden oben vibrieren lassen? Oder sogar noch länger?

4. Stehend:
   Atme bei offenem Mund ein und aus und schluchze dabei (Zwerchfellstösse).
   Lege die rechte Hand auf den Bauch. Spiele mit der linken lange Töne auf der Flöte. Gib acht, dass der Ton am Schluss nicht absinkt. Spüre mit der Hand, wie sich dein Bauch beim Einatmen dehnt und beim Ausatmen kleiner wird.

Spiele mit einer Atemfüllung (im Bauch) von 'kaum hörbar' bis 'sehr laut' und zurück.

Der Sturm heult:

Kleine und grosse Wellen kommen gegen das Ufer:

Liegend und stehend:

Atme tief durch die Nase ein, als ob du an einer Blume riechen würdest. Stelle dir dabei vor, dass du im Bauch einen Ballon aufbläst oder die Beine mit Luft füllst.

5a Blase beim Ausatmen so, als ob du eine Kerzenflamme zum Flackern bringen möchtest und dann stärker, damit die Flamme erlischt.

5b Blase die Luft stossweise aus: „tsch, tsch, tsch...“, nur der Bauch bewegt sich. Denke beim Einatmen: „Mit meinem Atem blase ich meinen Gurt auf, der mich dann stützt.“

6. **Vielleicht helfen dir die Vorstellungen**: „Ich bin ein Profi!“ „Ich stehe wie ein König auf einer Bühne und fülle einen riesigen Saal mit meinem Ton, es klingt wunderschön!“

Nikolaj Tarasov mit einer Flûte d'amour

7. Versuche immer wieder festzustellen, welche **Blasintensität** einen angenehmen Klang erzeugt. Gehe dabei von der maximalen Intensität zurück und bleibe, wo dir der Ton gefällt.

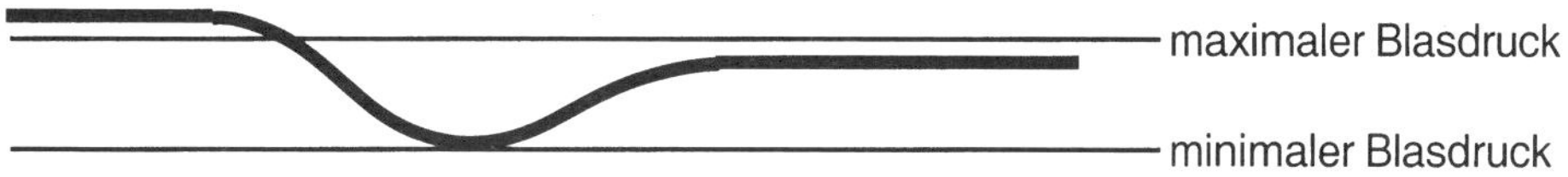

8. **Musiziere** mit deiner Flöte, auch wenn du 'nur' Übungen spielst. Reihe nicht Ton an Ton, sondern male melodische Linien. Halte den Atem kurz an bevor du beginnst und höre in deinem Innern voraus was kommt.

9. **Phrasierung**: Eine Melodie ist wie ein Lied gegliedert (phrasiert). Beim Singen atmest du vom Text her automatisch an der richtigen Stelle. Beim Musizieren müssen wir herausfinden, was von der Melodie zusammengehört und wo wir am besten atmen.

Die Stimmung eines Musikstückes kann fröhlich, traurig, witzig, lustig, melancholisch, agressiv, zuversichtlich, kämpferisch, festlich, mutmachend, aufregend, wütend usw. sein. Die Melodie ist durch den Komponisten gegeben. Aber du kannst sie durch deine Artikulation (Lautbildung, Aussprache) und wie du den Ton abschliesst, gestalten. Du kannst die Melodie interpretieren, ihr einen persönlichen Ausdruck geben.

Artikulation

Stell dir einen Ton so vor:

d üüüüüüüüüüüüüüüüüüüüüüüü **(d)**

Atrikulations-konsonant | **Klang** | **Tonende**

Artikulationskonsonant: Du sprichst am Anfang des Tones " t, d, r, l, g " etc.

Sprich folgenden Satz:
*"In **der** **T**a**t**: Beim **t**äglichen Wa**t**en durch das Wa**tt**enmeer wer**d**en **d**ie Wa**d**en ma**tt** und mü**de**."*
Merkst du, dass du die 't' und 'd' verschieden stark aussprichst? Genauso gibt es bei der Flötensprache (Artikulation) verschiedene Stärken.

Klang: Jetzt strömt die Luft durch deine Flöte und erzeugt den Ton.

Tonende: Du legst die Zunge lautlos an den Gaumen und schliesst so den Luftstrom ab (Zungenabschluss). Die Luft staut sich hinter der Zunge, die Spannung bleibt.

Die Artikulationssilben: Bei hohen Tönen artikuliert man automatisch stärker und die Zunge ist ganz vorn: "ti". Spielen wir die Tonleiter hinunter, geht die Zunge zurück und die Silben verändern sich: "ti - tü - te - de - dö - do". Tiefe Töne werden weich angestossen.

Gestaltung der Tondauer

1. Legato (gebunden)

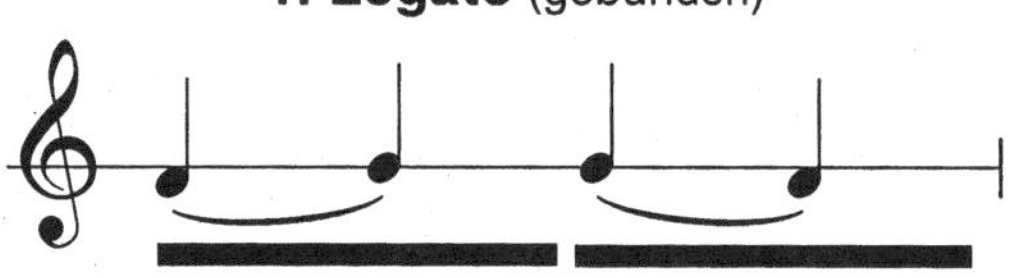

düüüüüüüüüüüü **d**üüüüüüüüüüüü

Bei mehreren zusammengebundenen Tönen wird nur der erste (meistens weich) artikuliert.

2. Portato (getragen, die Töne werden aneinander getragen)

düüüüü **d**üüüüü **d**üüüüü **d**üüüüü

Zungenabschluss und Artikulation fallen zusammen. Die Töne werden meistens weich angestossen.

3. Nonlegato (nicht gebunden, getrennt)

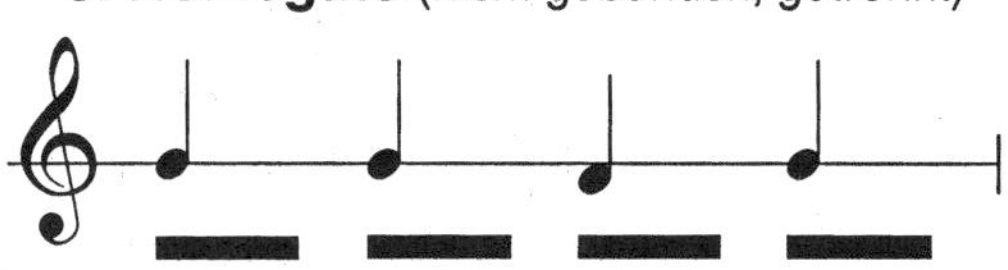

düü(d) düü(d) düü(d) düü(d)

Die Töne werden leicht voneinander getrennt.
Nonlegato kann auch ohne Zungenabschluss gespielt werden. Es klingt dann weicher; mit Spannung wird der nächste Ton erwartet.

4. Staccato (kurz gestossen)

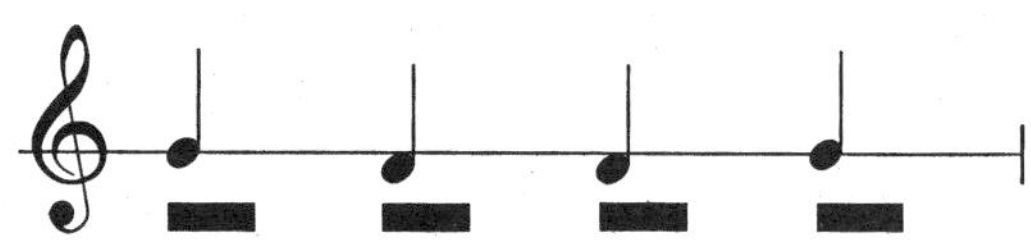

dü(d) dü(d) dü(d) dü(d)

Durch schnellen Zungenabschluss klingen die Töne kurz. Staccato wird in einem langsamen Satz weicher artikuliert als in einem schnellen. Es ist auch ohne Zungenabschluss möglich und klingt dann leichter, luftiger.

Kopieren? Siehe Seite 2.

Intervalle

Intervall heisst Zwischenraum. Man bezeichnet damit den Abstand zwischen zwei Tönen.

Die Grundformen der Intervalle

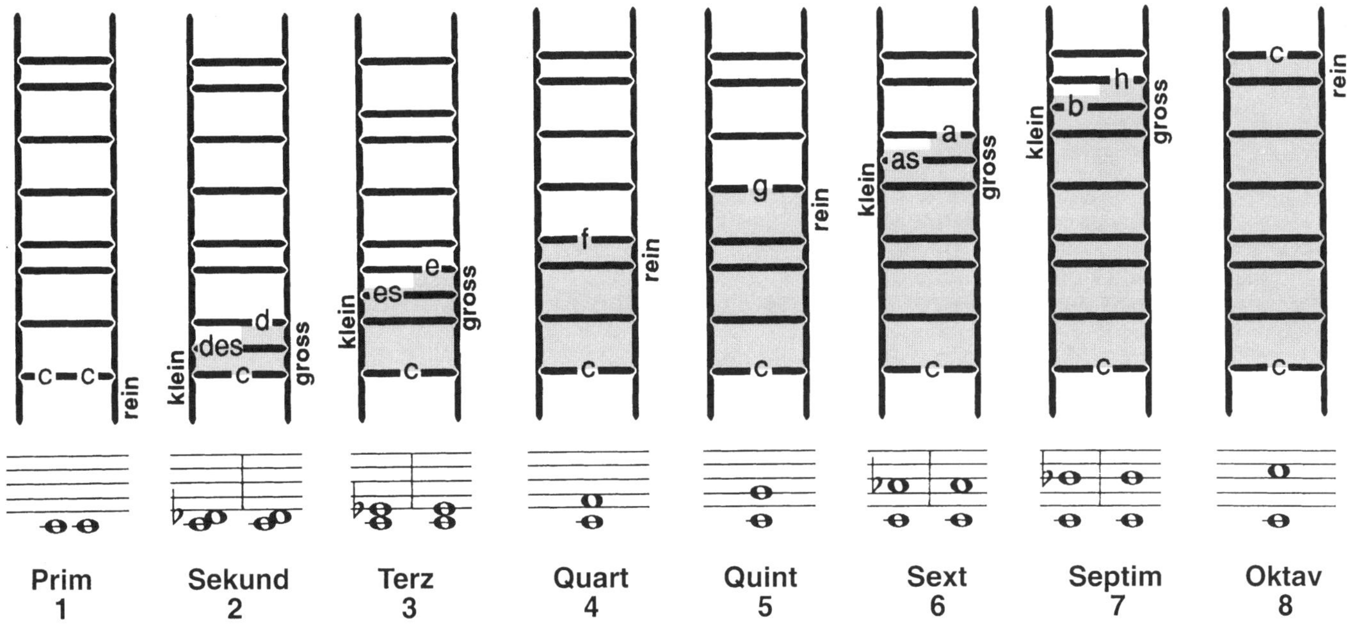

Du bestimmst ein Intervall, indem du auf der Tonleiter abzählst, wie viele Töne es umfasst (erster und letzter Ton zählen). Die Namen der Intervalle sind die lateinischen Bezeichnungen für 'der erste', 'der zweite' usw.

Wird die Grundform um einen halben Ton vergrössert, so erhalten wir eine **übermässige** Terz, Quart usw.
Wird die Grundform um einen halben Ton verkleinert, so erhalten wir eine **verminderte** Quint, Sext, usw.

ppppff pppp

Dynamik (Lautstärke)

pp	pianissimo: sehr leise, schwach
p	piano: (leise, schwach
mp	mezzo piano: halb leise
mf	mezzo forte: halb kräftig
f	forte: kräftig, stark
ff	fortissimo: sehr kräftig, sehr stark
crescendo	***cresc.*** : stärker werdend
diminuendo	***dim.*** : schwächer werdend
auch ***decrescendo***	***decr.***

Wenn wir weniger Blasdruck geben, wird der Ton wohl leiser, aber auch tiefer. Erhöhen wir den Blasdruck, wird er lauter, aber auch höher.

Um dies zu vermeiden, gibt es spezielle Piano- oder Fortegriffe (siehe Grifftabelle S. 81):
Bei *f* muss der Ton erniedrigt werden:
Du schliesst ein entferntes Loch oder bedeckst ein benachbartes leicht.
Bei *p* muss der Ton erhöht werden:
Du öffnest ein Loch nur ganz wenig.
Bei Gabelgriffen kannst du das entfernteste Loch ganz öffnen.
Vielleicht ist auch ein total anderer Griff möglich.

Einfacher ist es, einen Piano**effekt** mit der Artikulation (z. B. Staccato) zu erzielen.

In der Gruppe können wir die Lautstärke auch variieren, indem nicht immer alle mitspielen.

Notennamen und enharmonische Verwechslung

Die chromatische Tonleiter

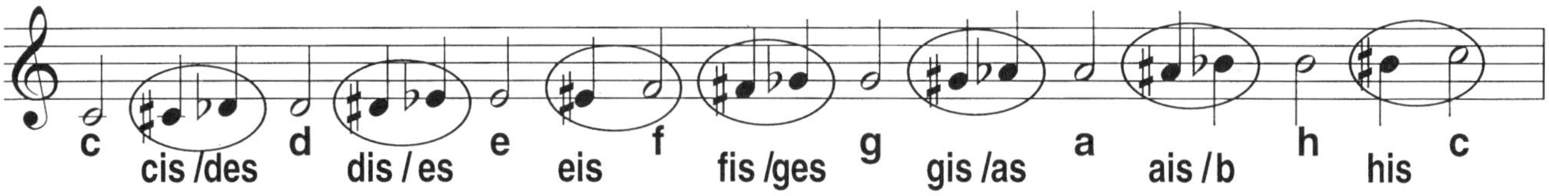

Auf dem Klavier werden enharmonische Töne ◯ gleich gespielt (siehe Tastatur unten), klingen gleich, aber werden unterschiedlich notiert. Für den Klavierspieler gilt, dass die Oktave in 12 gleichgrosse Halbtonschritte eingeteilt ist, was man temperierte Stimmung nennt. Das Klavier kann in diesem Sinn keine Tonleiter mit reinen Intervallen spielen. Reine Intervalle werden innerhalb jeder Tonart durch die Frequenzverhältnisse der Obertonreihe errechnet (siehe auch Differenzton S.14). Das alles genau zu erklären, würde den Rahmen dieses Heftes sprengen.

Natürlich können auch wir 'temperiert' spielen und für enharmonische Töne die gleichen Griffe brauchen, unser Ohr hat sich schliesslich vom Klavier an diese Stimmung gewöhnt. Aber Blockflötisten haben mehr Möglichkeiten: Wir können durch unterschiedlichen Blasdruck und verschiedene Griffe eine reine Stimmung anstreben.

Das ♯ (Kreuz)erhöht um einen Halbton. Wir fügen dem Namen des Tones **-is** an (fis, cis, dis, gis etc.).

Das ♭ (Be) erniedrigt um einen Halbton. Wir fügen dem Namen des Tones ein **-(e)s** an (as, ges, etc.).

Das ♮ (Auflösungszeichen) hebt die Versetzungszeichen wieder auf.

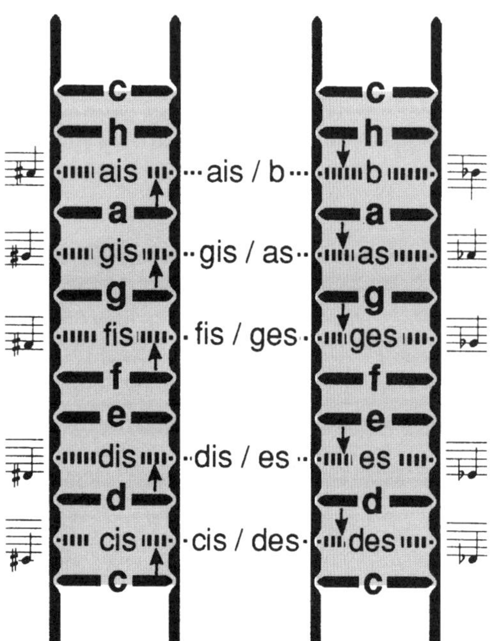

Chromatische Tonleiter mit ♯

Chromatische Tonleiter mit ♭

Eine Oktave der Klaviertastatur

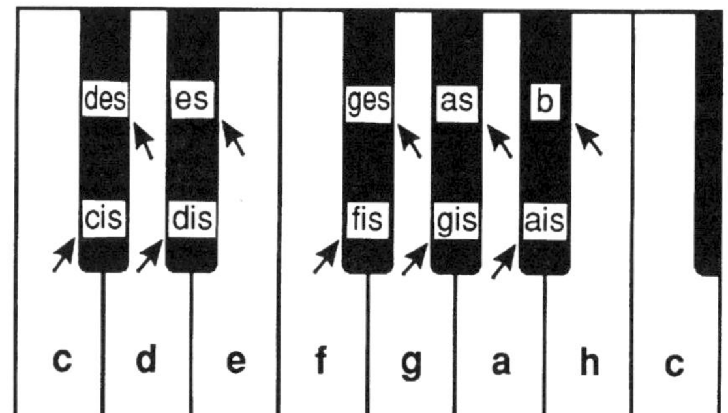

Durtonarten mit ihren parallelen Molltonarten

Die Tonleiter der parallelen Molltonart beginnt zwei Tonstufen (1 1/2 Töne) tiefer und hat die gleichen Vorzeichen

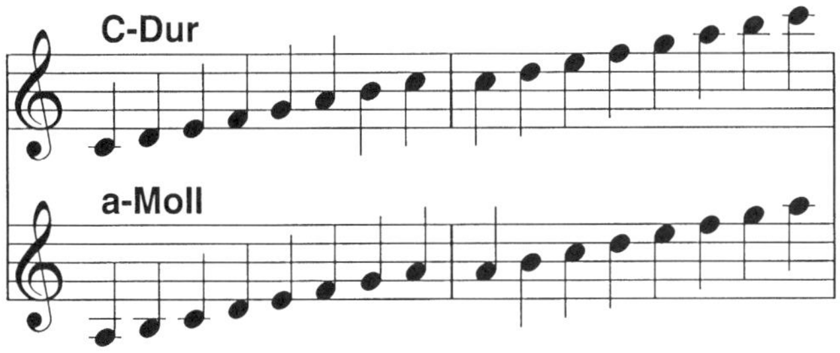

Die Kreuztonarten: **G**eh **D**u **A**lter **E**sel, **H**ole **Fis**che!

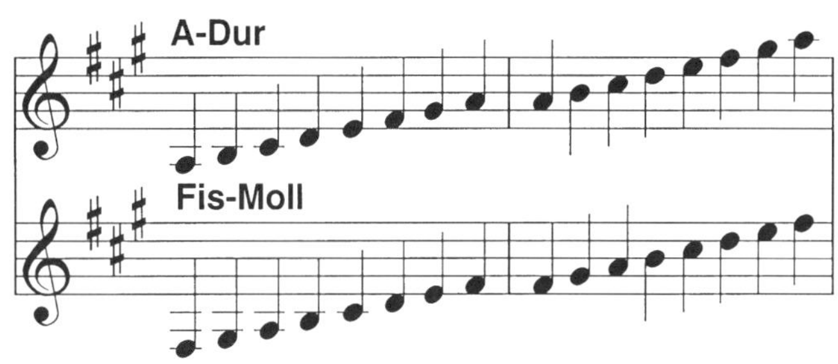

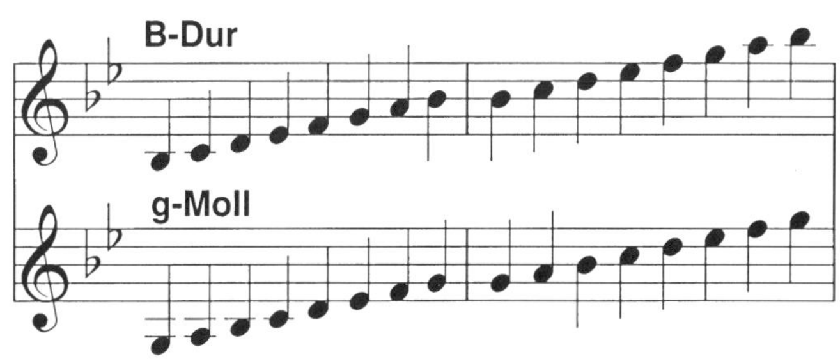

Die B-Tonarten: **F**rieda, **B**erta, **E**sther, **As**sen **Des**sert **Ges**tern.

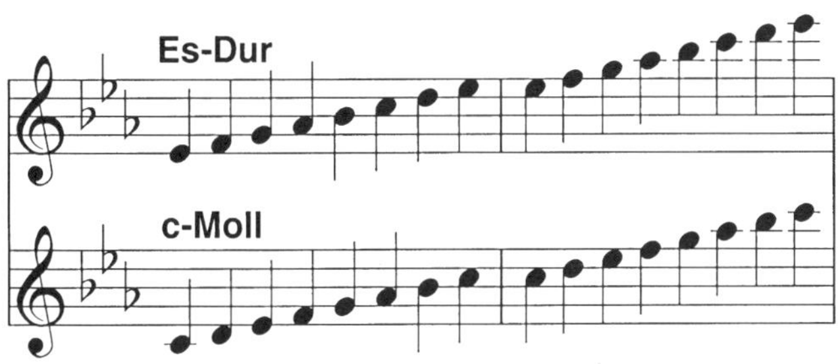

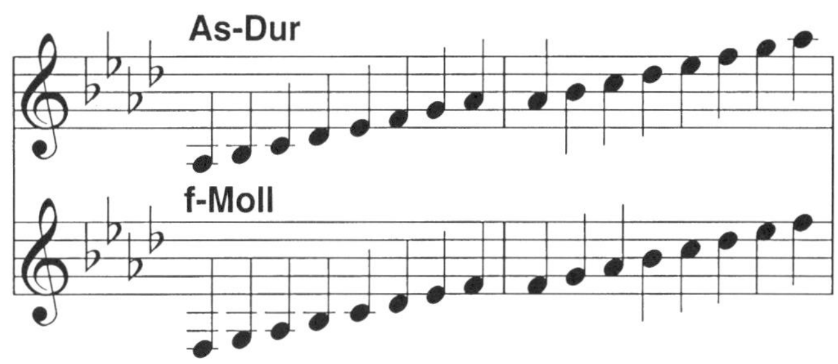

Halbtonschritte in Dur und Moll am Beispiel C-Dur und a-Moll

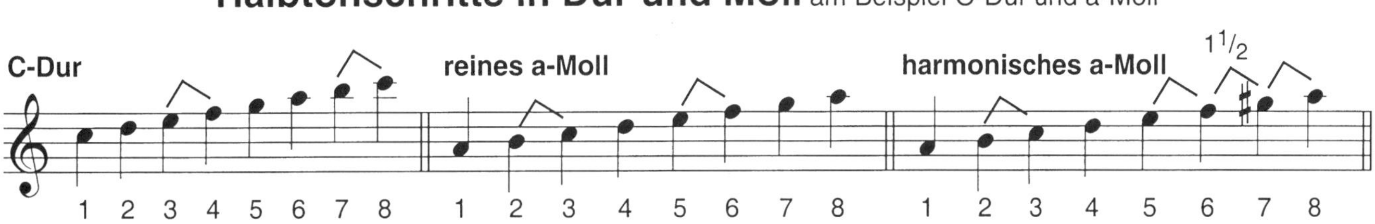

Notenwerte

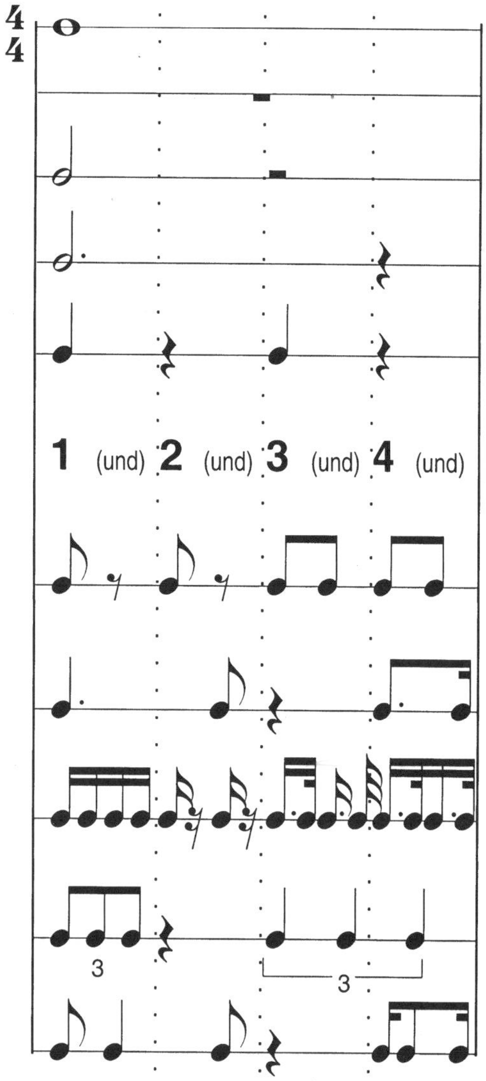

Ganze Note oder 4-Schlag Note (= 4 ♩ - Schläge)

Ganze Pause / ganzer Takt Pause

Halbe Note oder 2-Schlag Note (= 2 ♩ - Schläge),
Halbe Pause

Punktierte Halbe oder 3-Schlag Note, (= 3 ♩ - Schläge)
Viertelpause

Viertelnote oder 1-Schlag Note, Viertelpause

Achtelnoten, Achtelpausen

Punktierte Viertel mit Achtel, Viertelpause
punktierte Achtel mit Sechzehntel

Sechzehntelnoten, Sechzehntelpausen,
Punktierte Sechzehntel mit Zweiunddreissigstel

Achteltriolen, Viertelpause, Vierteltriolen

Synkopen

123456789123456789123456789123456789123456789123456789123456789123456789123456789123456789123456789123456789123456789123456789123456789123456789123456789123

Taktarten

Zweivierteltakt

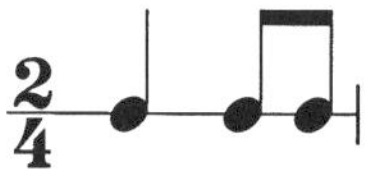

Vierviertetakt

Alla Breve - Takt (in Halben)

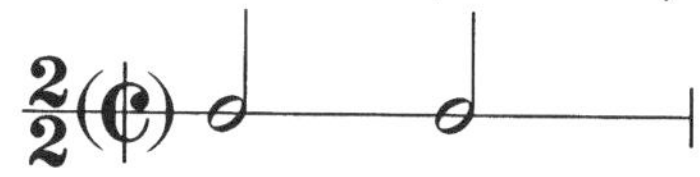

Dreiachteltakt

Dreivierteltakt

Sechsachteltakt

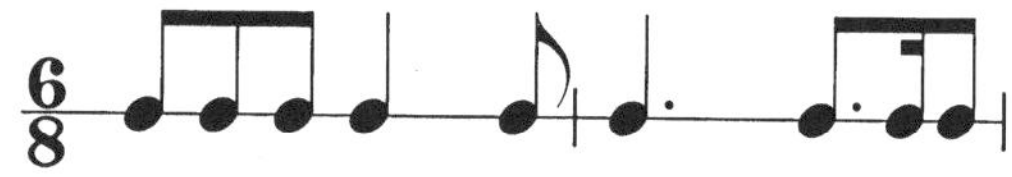

Fünfachteltakt

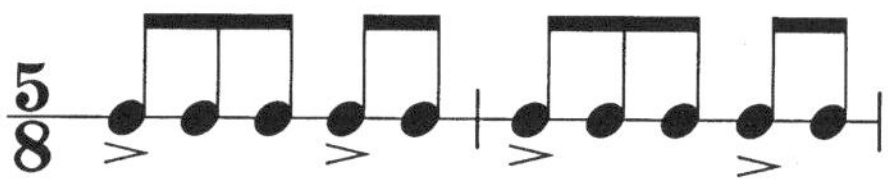

oder:

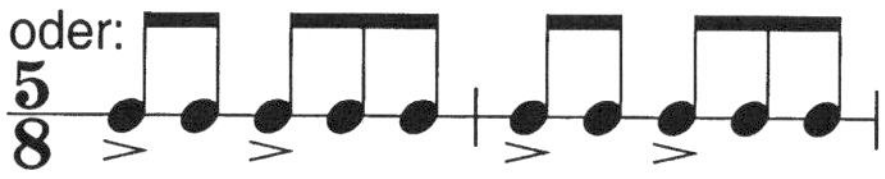

Siebenachteltakt

oder:

oder:

Differenzton

Hast du auch schon das Gefühl gehabt, es klirre in deinen Ohren, wenn zwei Blockflöten spielen? Das kann folgende Ursachen haben:

1. die beiden Flöten sind nicht aufeinander abgestimmt, oder
2. die Spieler spielen unrein (zu viel oder zu wenig Blasdruck), oder
3. du hörst bei gewissen Intervallen vor allem in höheren Lagen einen Brummton, den sogenannten **Differenzton**. Bei Blockflöten hört man diesen Ton besonders gut, weil sie arm an Obertönen sind. Die Geige z.B. hat viele Obertöne, das heisst, viele Intervalltöne vom Grundton der Tonart aus, schwingen

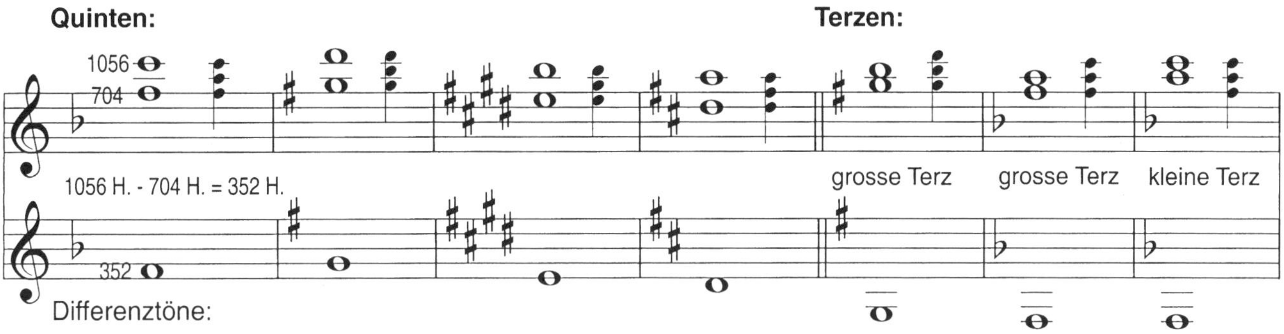

Es erklingt immer der Grundton des Dur-Dreiklanges, der zu den beiden Tönen gehört.
Dies ist ausser bei der kleinen Sext und der kleinen Terz immer einer der beiden Töne in einer andern Oktave.

Wie kann man Töne überhaupt hören? Beim Flötenspielen schwingen Luftschichten im Rohr auf und ab. Diese Schwingungen breiten sich als Schallwellen kugelförmig um die Flöte fort und erreichen so deine Ohren.

Wie oft schwingt die Luft hin und her bei den einzelnen Tönen? Ein a' hat 440 Schwingungen pro Sekunde (Stimmgabel), man sagt auch 440 Hertz (Hertz war ein Physiker, der sich mit Schwingungen aller Art befasste). Hohe Töne haben grössere Schwingungszahlen als tiefe.

Warum heisst dieser Ton 'Differenzton'? Wenn wir die Differenz der Schwingungszahlen der beiden Töne eines Intervalls berechnen, erhalten wir die Schwingungszahl des Differenztons (siehe Rechnung 1. Beispiel oben bei den Quinten).

Das Hören auf den Differenzton kann uns beim mehrstimmigen Spiel zu einer reineren Intonation verhelfen.

Intonation

Durch Auseinanderziehen klingt deine Blockflöte tiefer, durch Zusammenstossen und Anwärmen höher.
So können Gruppen ihre Instrumente auf die gleiche Stimmung bringen.

Korrektur während des Spiels:
- Mehr Blasdruck oder unterstes geschlossenes Loch leicht öffnen erhöht den Ton.
- Weniger Blasdruck oder unterstes offenes Loch leicht decken erniedrigt den Ton.
- Manchmal muss man einen andern Griff wählen (je nach Flöte).

Übungen zur Intonation:
- Zwei oder mehrere versammeln sich auf dem gleichen Ton (Lehrer/Schüler, Schüler/Schüler).
- Wir geben einen Ton wie einen Ball weiter (hintereinander spielen).
- Wir spielen einstimmig und halten jeden Ton aus, bis es wirklich einstimmig klingt
- Zweistimmige Stücke langsam spielen und Ungenauigkeiten der Intonation korrigieren.
- Reine Intervalle spielen und auf den Differenzton hören.
- Dreiklänge aufbauen.

Silverstro Ganassi, der Autor einer wichtigen Blockflötenschule, die 1535 (Renaissance) gedruckt wurde, hat zur Intonation im Gruppenspiel folgendes geschrieben: "Beim Zusammenspiel musst du dich deinen Mitspielern anpassen und um eines sauberen Klanges willen die gewohnten Griffe abändern ...."

Improvisieren von Begleitungen nach Akkordangaben

Ein Akkord ist ein Zusammenklang von mindestens drei Tönen. Der bekannteste Akkord ist der Dreiklang.

Die Akkordangaben (Buchstaben über den Noten) sind für Begleitinstrumente wie Gitarre oder Klavier gedacht. Du kannst mit ihrer Hilfe auch eine Begleitung auf deiner Flöte improvisieren.

Wenn wir auf jeden Ton einer Dur-Tonleiter einen Akkord (Dreiklang) setzen, so gibt es drei Dur-Akkorde, drei Moll-Akkorde und einen verminderten Akkord (VII. Stufe, die im Dominantseptakkord, V7, enthalten ist).

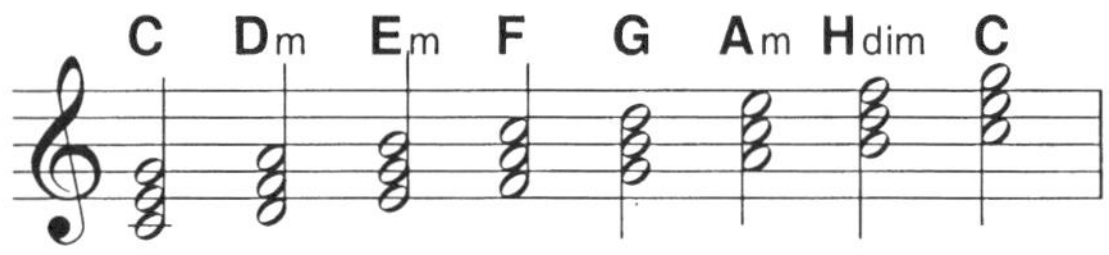

Stufen: **I** II III **IV** **V** VI VII VIII

Ein Grossbuchstabe allein bedeutet:
Dur-Akkord, das heisst, grosse Terz unten, kleine oben.

Ein Grossbuchstabe mit einem 'm' dazu bedeutet:
Moll-Akkord, das heisst, kleine Terz unten, grosse oben.

Der unterste Ton des Dreiklangs in Grundstellung gibt ihm den Namen.

Für eine einfache Begleitung verwenden wir nur die drei Dur-Akkorde.

Zu jedem Ton passen zwei (die VII. Stufe nicht gezählt) oder drei Akkorde. Das Beispiel nebenan zeigt, dass der Ton g' in C-Dur, e-Moll und G-Dur vorkommt, das heisst, er kann mit diesen begleitet werden.

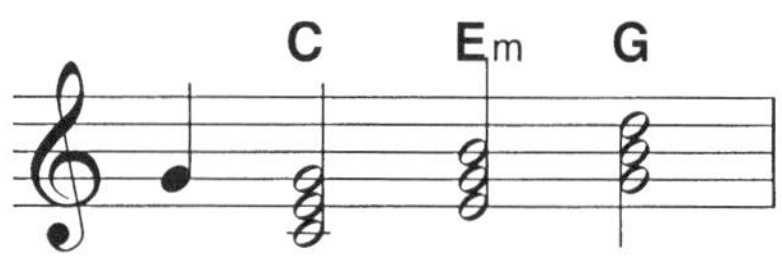

Werden zu den Dur-Akkorden auch Moll-Akkorde verwendet, so wird die Begleitung interessanter, farbiger.

Experimentiere selber! Summe die Melodie und spiele dazu, bis du etwas gefunden hast, das dir gefällt. Schreibe Angaben ins Stück, damit du deine Ideen nicht vergisst.

Möglichkeiten, wie du deine Improvisation gestalten kannst:

Melodie

Grundtöne der Akkorde

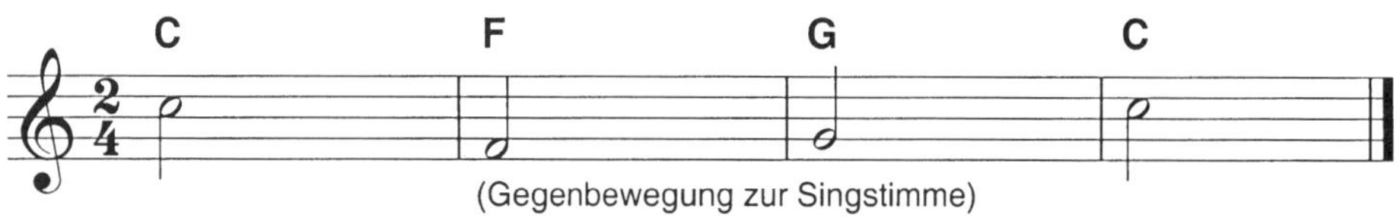

Grundtöne plus andere Töne aus dem Akkord

Gebrochene Akkorde hinauf und hinunter

Grundtöne zum Teil verbunden durch Tonleitern

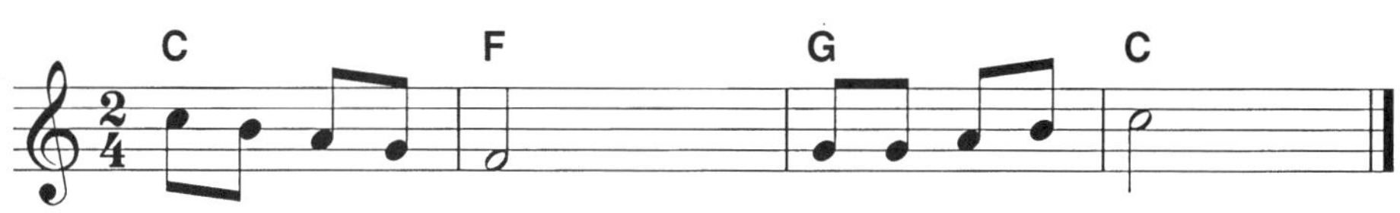

Muster für Dreiertakte:

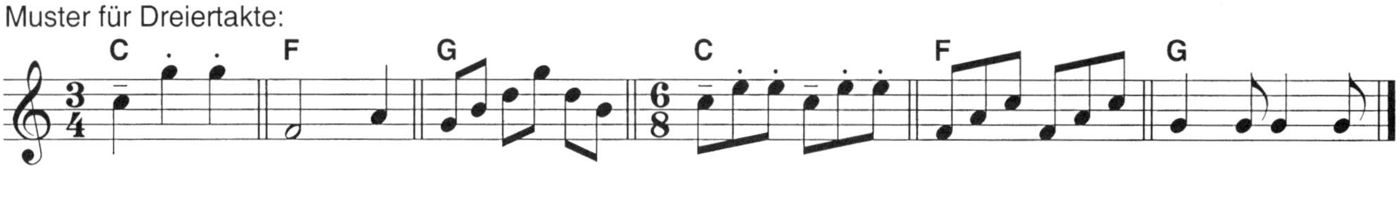

Welche Töne gehören zu den Akkordangaben?

Wenn du zu einem Stück eine Begleitung improvisieren willst, kopiere diese Seite, schneide die Akkorde zur betreffenden Tonart aus und kreise die Noten ein, die du bereits spielen kannst! Klebe den Zettel so neben dein Stück, dass du ihn herausklappen kannst!

Beispiele:

Für C-Dur brauchst du:

G(7)	Em
C	Am
F	Dm

Für G-Dur brauchst du:

D(7)	Hm
G	Em
C	Am

A (7)

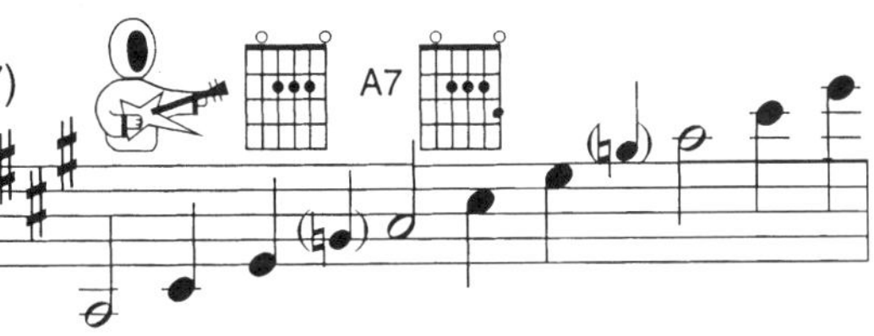

Parallel-tonart:

Fism

D (7)

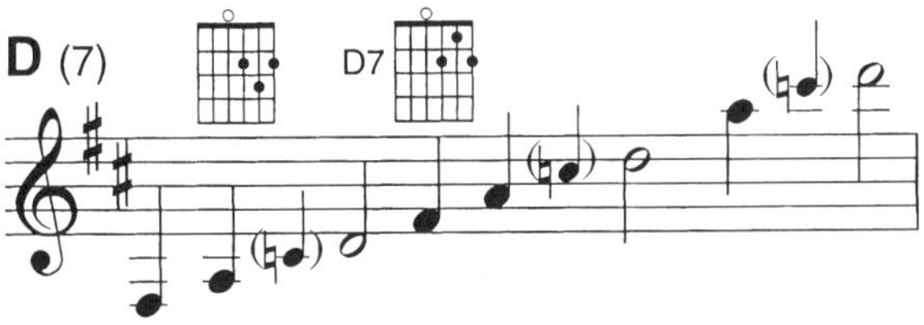

Parallel-tonart:

Hm

G (7)

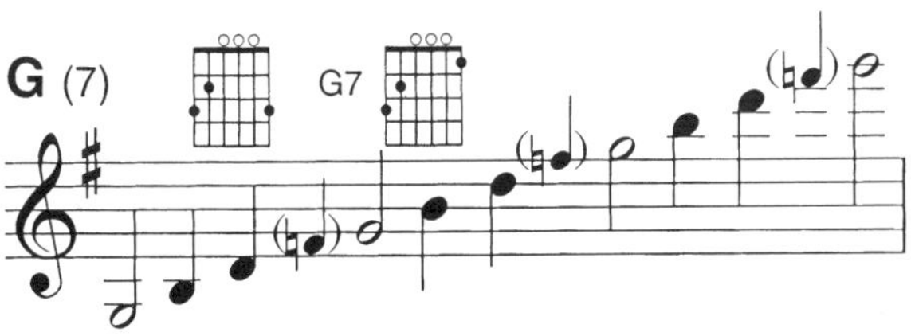

Parallel-tonart:

Em

C (7)

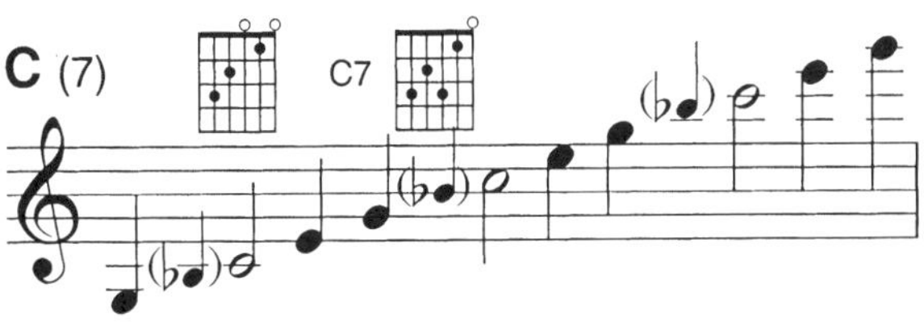

Parallel-tonart:

Am

F (7)

Parallel-tonart:

Dm

B (7)

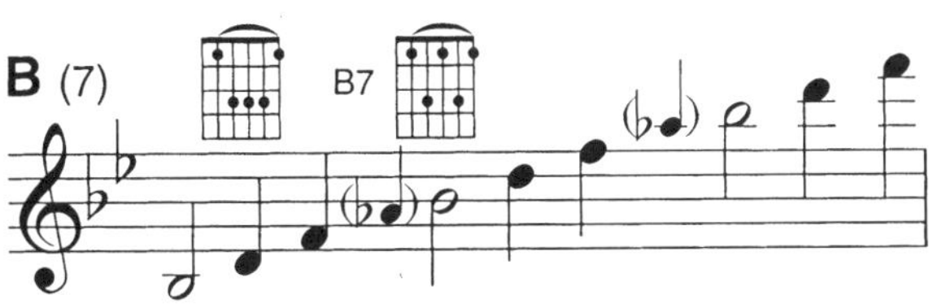

Parallel-tonart:

Gm

Es (7)

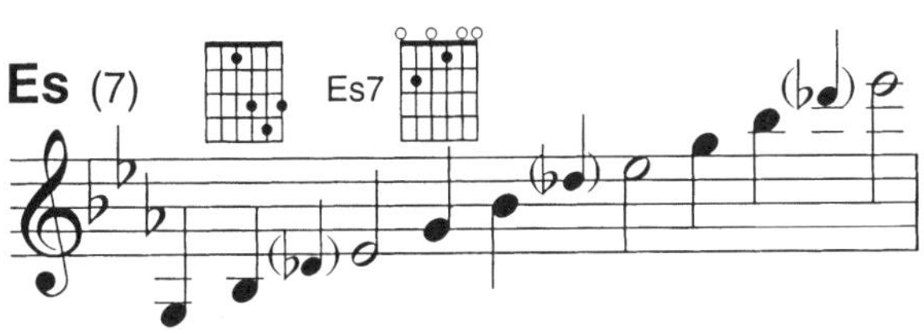

Parallel-tonart:

Cm

Kopieren? Siehe Seite 2.

Verzierungen

In der alten Musik spielen die Verzierungen eine wichtige Rolle. Auch dort wo es keine Angaben hatte, improvisierte der Musiker, indem er Intervalle durch Zwischennoten verband, Töne mit kleineren Notenwerten umspielte usw.
Die folgenden Verzierungen gehören zu den 'wesentlichen Verzierungen'.

Der Vorschlag

Es gibt kurze betonte Vorschläge (auf den Schlag) und kurze unbetonte Vorschläge (vor dem Schlag). Lange Vorschläge sind betont. Die Hauptnote muss ihren Wert mit dem Vorschlag teilen.

Kurzer, betonter Vorschlag

Kurzer, unbetoner Vorschlag

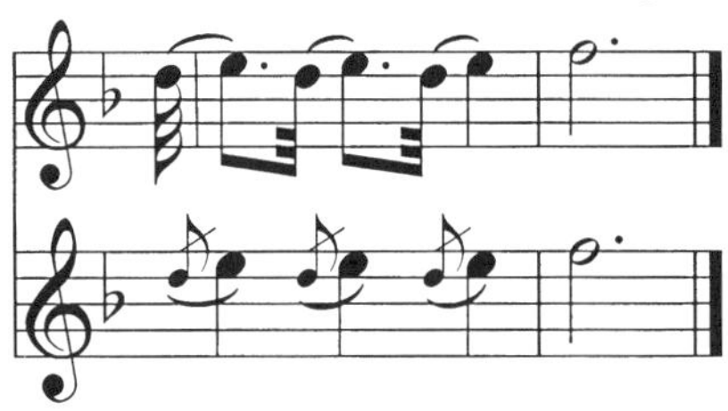

Langer Vorschlag

Praller

Auf den Schlag zur oberen Nebennote

oder

Kurze Form des Trillers (Pralltriller)

Mordent

Auf den Schlag, zur unteren Nebennote. Der Mordent hebt wichtige Töne hervor.

Der Doppelschlag

Umspielen einer Note. Hier nur ein paar der vielen Möglichkeiten:

Als verbindendes Ornament

Zwischen den Noten

Als betontes Ornament

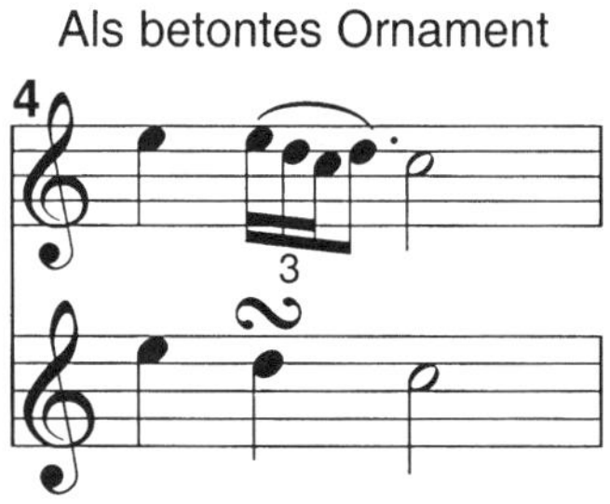

Der Triller *tr* +

Der Triller im (Hoch-) Barock beginnt meistens mit der oberen Nebennote. Benötigt man Hilfsgriffe (siehe Vivace S. 112), greift man den ersten Ton (obere Nebennote) mit dem Normalgriff. Hier nur ein paar der vielen Möglichkeiten zu trillern:

V=Vorhalt(kurz oder lang), **Tr= Triller, H=Haltepunkt, N=Nachschlag, A= Antizipation**

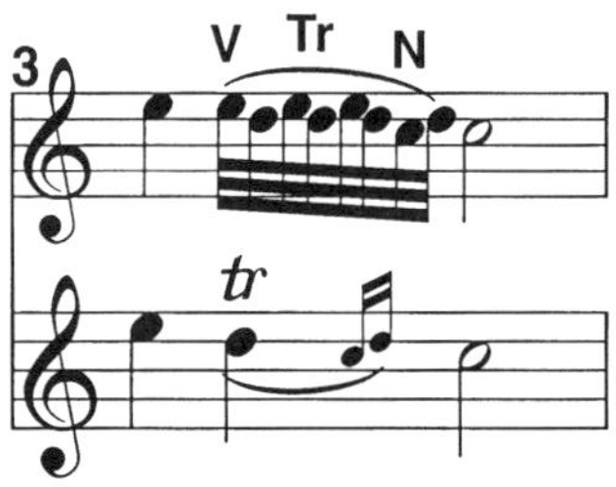

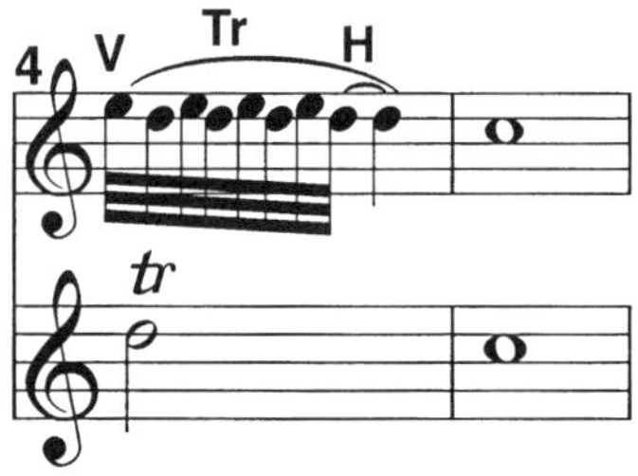

**Vor- und Nachspiel sind bei Verzierungen unerlässlich.
Die Ausführung hängt vom Tempo und Können der Schülerin oder des Schülers ab.**

Zeitgenössische Spieltechniken (eine Auswahl)

Verschiedene Arten des Glissandos

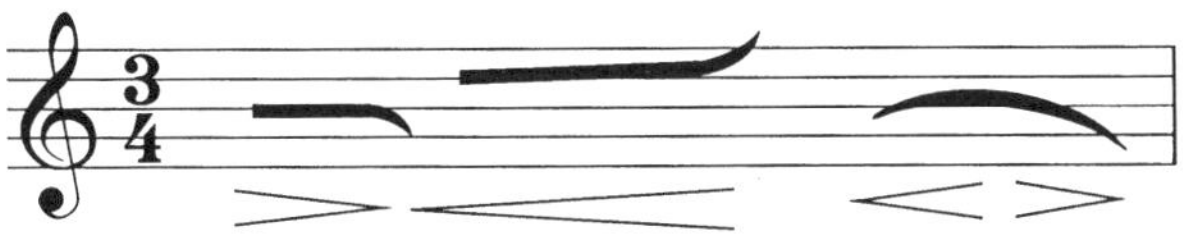

Atemglissando:
Durch Verstärken des Blasdruckes wird der Ton höher, durch weniger Luft tiefer. Greife am Schluss den höheren, bzw. tieferen Halbton.

Fingerglissando:
Die Finger werden einzeln oder nacheinander (seitwärts hinauf) von den Löchern weggezogen und wieder daraufgeschoben. Keine Gabelgriffe.

Greife mit der linken Hand einen Ton, umschliesse mit der rechten langsam das Labium und öffne es wieder.
Nur mit dem Flötenkopf: Finger ins Rohr hineinschieben und hinausziehen oder Loch öffnen und schliessen.

Zweistimmig spielen

einblenden: sofort beide Töne:

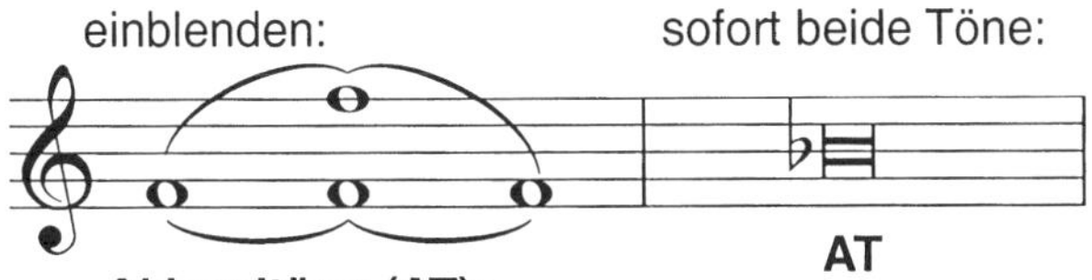

Akkordtöne (AT):
Spielst du einen Ton des untersten Registers (f' bis g")und überhöhst dann den Blasdruck, so blendet sich ein Oberton (Akkordton) ein. Gabelgriffe sind von Vorteil.

mit Stimme

Summe die erste Stimme eines Liedes in die Flöte und spiele die 2. Stimme dazu.

Die Flatterzunge

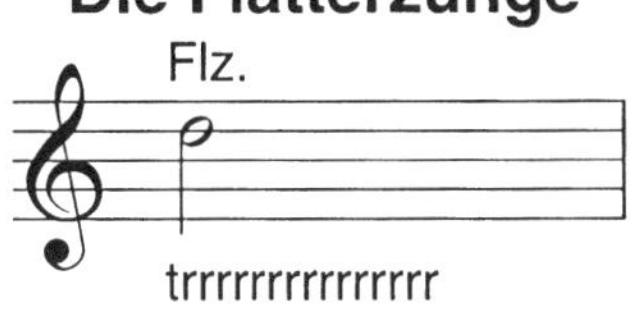

Rolle das 'R'. Lass die Zunge flattern. Die Flz. ist auch mit dem Zäpfchen 'R' möglich.

Schräger Ansatz und Rauschtöne

Halte die Flöte schräg oder ganz von den Lippen entfernt, so dass ein Teil der Luft daneben strömt. (auch als *p* - Effekt)

Tanzende Finger

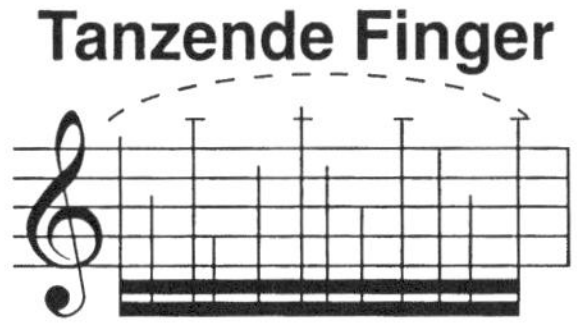

Lass deine Finger auf den Löchern tanzen. Legato oder mit ganz schneller Doppelzunge.

Tremolo oder Intervalltriller

Als Beispiel: Quart- und Terztriller. Du kannst auch so trillern: WW/\/\WWW

Verschiedene Artikulationssilben

Lippenansatz
Lass die Lippen ganz locker.

Kehlkopfansatz
Die Doppelzunge gehört auch dazu.

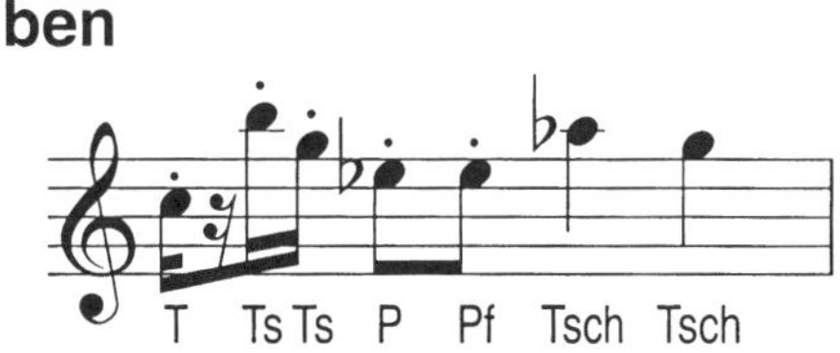

Sputato
'T', 'P' etc. sind besonders reizvoll, wenn die Oberlippe die Flöte nicht berührt.

Verschiedene Vibratos (Töne werden in Schwingung versetzt)

Vibrato bringt Abwechslung: Vibrierende und nicht vibrierende Töne erklingen nebeneinander.

Atemvibrato: Verschiedene an der Atmung beteiligte Muskeln erzeugen die Schwingung (v. a. das Zwerchfell).
Fingervibrato (Flattement): Du vibrierst (trillerst) mit einem oder mehren Fingern am Rand der freien Löcher.
Das Labialvibrato: Du machst mit der rechten Hand eine schwingende Bewegung ums Labium.
Das Kehlkopfvibrato: Du meckerst wie eine Ziege, aber ohne Stimme.
Das Zungenvibrato: Ohne den Luftstrom zu unterbrechen, sprichst du "lulululululu" in die Flöte.
Das Lippenvibrato: Du schüttelst die Flöte oder den Kopf leicht.

Kopiervorlage

Diese Buchstaben musst du bei den Rätseln einsetzen:

Ein doppelter Taktstrich bedeutet: Wortende. AE=Ä, OE=Ö, UE= Ü

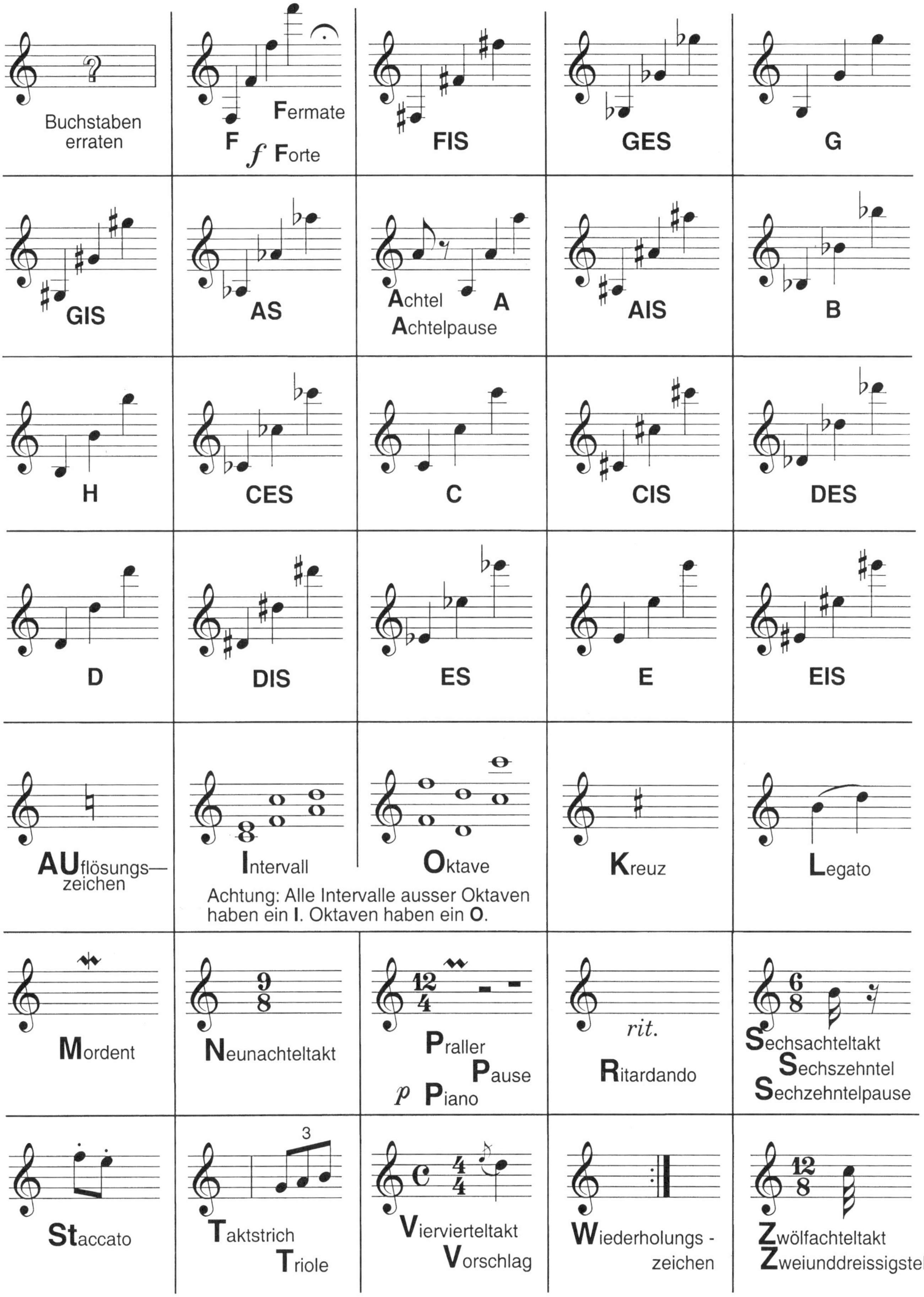

Liebe Flötenschülerin, lieber Flötenschüler

Im ***Vivacetto*** spreche ich mit dir. Am liebsten würde ich dich persönlich kennen lernen. Was für Hobbies hast du? Welches Schulfach magst du am liebsten? Hast du Geschwister, die auch ein Instrument spielen?

Damit du ein bisschen weisst, wer hinter diesem Buch steckt, erzähle ich dir etwas von mir: Ich schreibe gerne mit dem Computer Musik. Geige und Gitarre gehören zu meinen Instrumenten und kürzlich habe ich mir ein Kornett gekauft! (Es quietscht noch fürchterlich, wenn ich darauf spiele.) Natürlich musiziere ich auch gerne auf der Blockflöte.

Wir besitzen kein Auto, deshalb bin ich viel mit meinem Fahrrad unterwegs. Es ist immer geschmückt. Kürzlich riefen mir Kinder nach: "Haben sie Hochzeit?" - Nein, ich bin schon lange glücklich verheiratet!

Nun wünsche ich dir viel Freude mit deiner Altblockflöte!

Deine Claire Schmid

Vivacetto! 3

Wenn du die Noten gut mit Namen kennst, wirst du bald ohne Mühe beide Notationen spielen können.

a Schreibe die Notennamen auf (einfach c, d, e):

Weisst du auch, wie die Notenwerte heissen?

b **Improvisiere Melodien mit c", d" und e"**. Nur drei Töne - unzählige Möglichkeiten!

Du kannst frei spielen, ohne Taktschlag, so wie ein Vogel singt.

Wenn du in einem bestimmten Takt spielen willst, zähle in deinem Innern zwei Takte voraus und beginne erst dann zu spielen. So:

1 2 **3** 4 | **1** 2 **3** 4

flüstern oder in nur in Gedanken

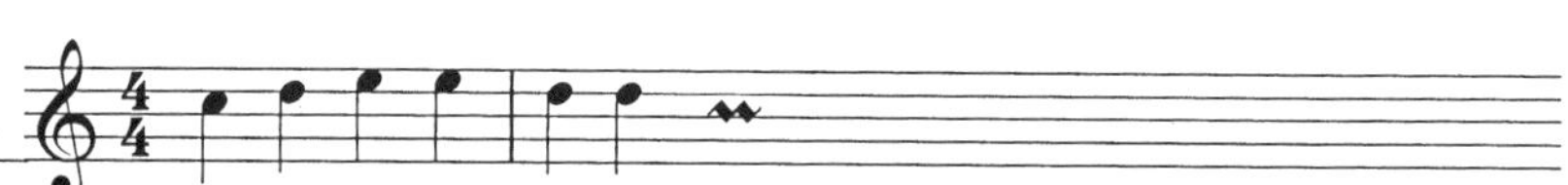

spielen

c **Spieldiktat**: Petra sagt Namen von Noten, die ihr bereits kennt. z.B. e, c, d, e usw. Alle spielen die Töne. Sie wartet, bis der Ton von allen einstimmig erklingt und sagt erst dann den nächsten.

Griffdiktat: Stefan greift einen Ton. Alle greifen ihn auch und jemand sagt, wie der Ton heisst.

Notendiktat: Dominique sagt die Namen von Noten und alle schreiben diese auf (immer beide Oktaven).

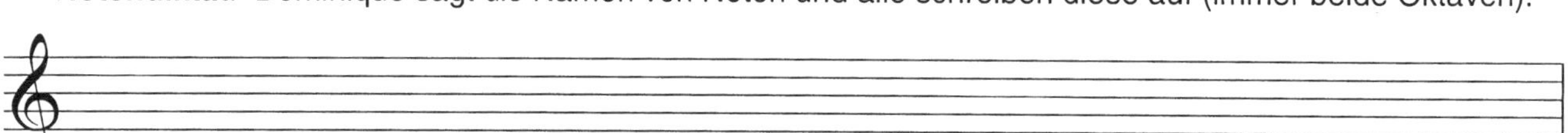

Vivacetto! 12

a Sicher kannst du diese Fragen zu Seite 9 beantworten:

1. In welcher Tonart stehen alle Stücke auf der Seite 9? ___________
2. Welches ist der Grundton dieser Tonart? ______________
3. Wie viele Takte haben die Stücke? (Wiederholung mitzählen!) ____________
4. Auf welchem Ton enden alle Stücke? ______________
5. Auf welchen Tönen endet der zweite Takt (=Mitte) aller geraden Nummern? __________

---

b Nimm Nr. 10, 11 und 12 unter die Lupe:

1. Vergleiche den ersten mit dem dritten Takt. Was stellst du fest? ______________________________
2. Vergleiche den zweiten mit dem vierten Takt. Was stellst du fest? _____________________________
3. Spiele Takte 1 bis 2 und jemand anders spielt Takte 3 und 4.
   Klingt es nicht wie Frage und Antwort? - Ein kleines Gespräch.

---

c Stellt euch gegenseitig 'musikalisch' Fragen und beantworten sie. Dabei gilt folgende Regel: Die Frage hört nie mit einem c'' auf, die Antwort hört immer mit einem c'' auf.

1. Auf dieser Seite sind die Fragen bzw. die Antworten zwei oder vier Takte lang. Frage und Antwort haben ausser einer Ausnahme (wer findet sie?) immer den gleichen Rhythmus.
   Schreibe dir als Stütze und Hilfe für deine Improvisation den Rhythmus der Frage auf:

   Beispiel:

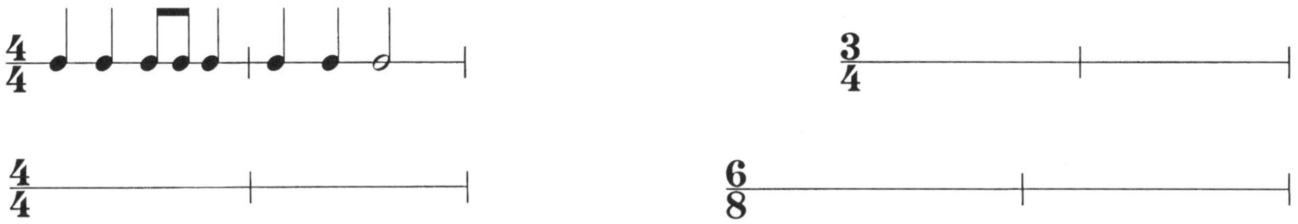

2. Du improvisierst eine Frage ohne rhythmische Stütze: Wähle eine Taktart und zähle zwei Takte leise vor dich hin, mache dir ein inneres Bild und beginne dann zu spielen. Wer gibt die Antwort?
3. Du spielst deine Frage ganz frei, so wie ein Vogel singt. Es müssen nicht zwei oder vier Takte sein, aber bedenke, Jan, der dir die Antwort gibt, sollte dein 'Thema' nachspielen können, spiele nicht zu lange und nicht zu kompliziert.
4. Wer kann Frage und Antwort aufschreiben? Vertonst du einen Ryhthmus von oben?
   Wenn du etwas ganz Neues schreibst, wähle zuerst die Taktart und zähle für dich einige Takte voraus.

Frage: **Antwort:**

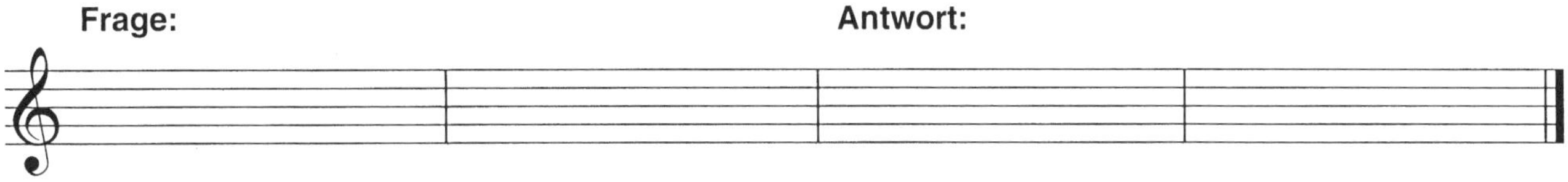

Frage: **Antwort:**

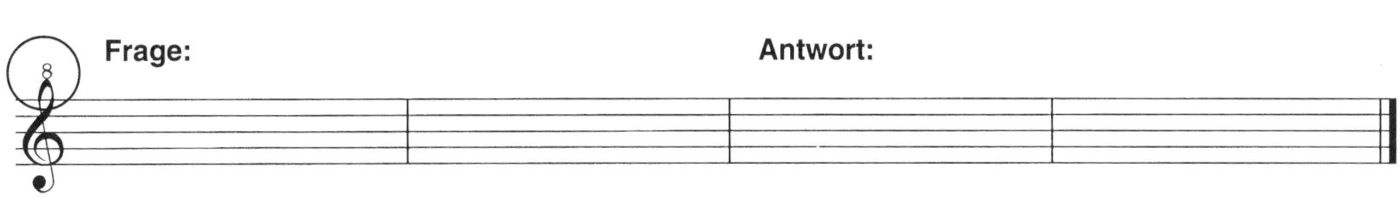

Kopieren? Siehe Seite 2

Vivacetto! 13

a Nun können wir schon die erste Hälfte der C-Dur Tonleiter spielen:

Erfinde rhythmische Variationen. Spiele einfach frisch drauflos, was dir einfällt, hinauf und hinunter.

Hier ein paar Möglichkeiten, die dir weitere Ideen geben können:

Schreibe auf, was dir von deinen Einfällen am besten gefällt:

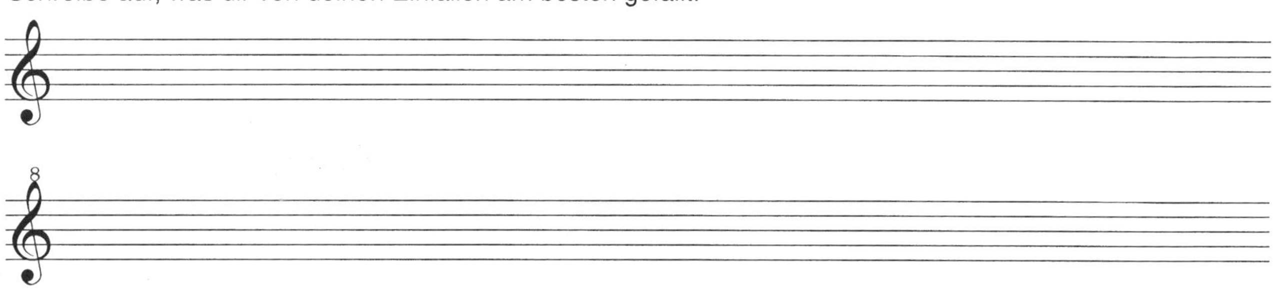

b Auch den **C-Dur Dreiklang** kannst du jetzt spielen:

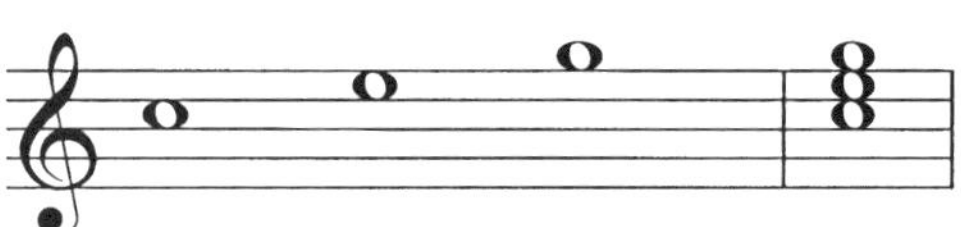

gebrochener Dreiklang

Spielt den Dreiklang dreistimmig und geniesst den Klang!

Improvisiere eine Melodie mit den Tönen des Dreiklangs.

Sven, Rita und Clara spielen je einen Ton des Dreiklangs und halten ihn lange aus (Luft holen dazwischen ist erlaubt!). Stefan improvisiert dazu eine Melodie.

c Nun kannst du folgende Lieder aus dem Kopf spielen:

Weisst du noch eins?

Vivacetto! 18

a Benenne die Noten und setze die obere und untere Oktave!

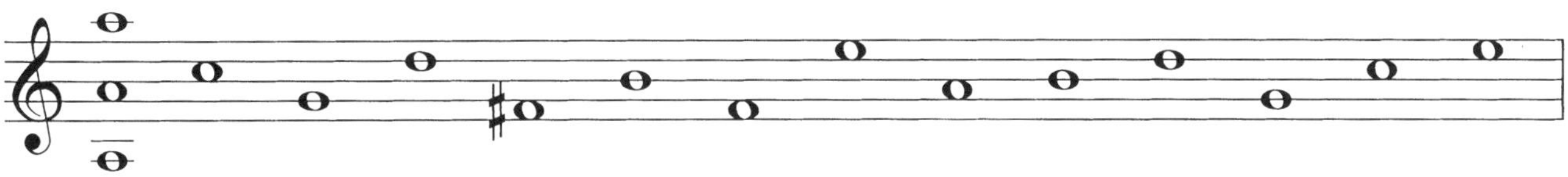

a

b Schreibe eines der Lieder auf der Seite 11 im ***Vivace*** in der anderen Notation auf.

c Rätsel (Löse rückwärts!)

MÖCHTEST DU EINE ______________________?

SCHÄUMENDE SEE NENNT MAN ______________________

WARST DU SCHON IN ______________________?

WIR FÄLLEN HEUTE DIE ______________________

ICH LIEBE ______________________

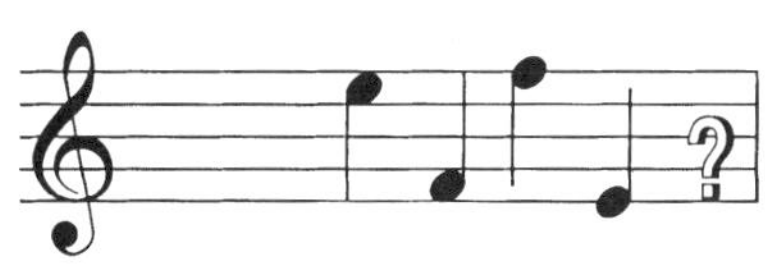

DIE MAUER IST ÜBERWACHSEN MIT ______________________

Aus dem Leben einiger Komponisten des Barocks

Vivacetto!

21

Jean Philippe Rameau (1683-1764), ein beliebter französischer Komponist, begann erst als 50-Jähriger für die Bühne zu komponieren. Die Oper interessierte die Franzosen im 18. Jahrhundert besonders. Rameau kombinierte die Oper mit Tanz zu sogenannten Ballettopern. Seine musikalischen und theatralischen Einfälle übertrafen alles, was bisher auf der Bühne stattgefunden hatte: Er schrieb Tanzszenen auf einer Insel des Indischen Ozeans, auf einer Bergspitze in Peru, an einem persischen Hof und in einem amerikanischen Wald mit Indianern. Früher führten die Tänzer nur sanfte, gleitende Schritte aus, bei ihm gab es auch Sprünge. Eine grosse Farbenpracht auf der Bühne, pompöse und vielfältige Kostüme und Spektakuläres wie ein Meeressturm oder ein Vulkanausbruch begeisterte die Zuschauer.

Rameau war überhaupt ein origineller Komponist: Er schrieb kleine scherzhafte Stücke wie z. B. "Die Strickerinnen", bei dem die Hände des Klavierspielers Bewegungen wie eine Strickerin vollführen oder "die drei Hände", bei dem die linke Hand die rechte immer wieder überkreuzt.

22

Joseph Bodin de Boismortier (1689-1755) war so produktiv, dass die Franzosen Sprüche und Witze über ihn machten:

Bienheureux Boismortier, dont la fertile plume	(Glücklicher Boismortier, dessen fruchtbare Feder
Peut tous les mois sans peine enfanter un volume.	jeden Monat ohne Mühe ein ganzes Buch füllen kann.)

Boismortier schrieb vorwiegend leicht zu spielende Musik für Amateurmusiker. Die Nachfrage nach seinen Noten war gross. So wurde er entgegen vieler anderer Musiker seiner Zeit ein reicher Mann. 1741 schrieb er eine Weihnachtsmotette, in der bekannte Weihnachtslieder vorkamen. Das gefiel den Franzosen so sehr, dass es ca. 20 Jahre lang zur Tradition wurde, dieses Werk aufzuführen.

49

Gottfried Finger (1660-1730): Der Name dieses deutschen Musikers taucht erstmals 1687 in England auf, wo er als Instrumentalist in der Kapelle von König James II spielte. Seine englischen Kollegen waren ihm feindlich gesinnt. Er verliess das Orchester und machte sich selbständig. Im Jahr 1700 wurde in London ein Wettbewerb für Komponisten ausgeschrieben. Das Publikum bestimmte den Sieger. Finger wurde nur Vierter. Das verärgerte ihn so, dass er England verliess.

92

Johann Pachelbel (1653-1706), einer der besten Organisten seiner Zeit, wurde schon als 20-Jähriger Organist im Stefansdom in Wien. Vier Jahre später zog er nach Eisenach (D), wo er als Hoforganist des Grafen tätig war. Hier befreundete er sich mit der Familie Bach und war Pate einer Schwester von Johann Sebastian. Von seinen sieben Kindern wanderte der Älteste nach Amerika aus und wurde in Boston ein berühmter Musiker. Eine Tochter war bekannt als Malerin. Er komponierte viel für die Orgel, aber auch für Chor und verschiedene Instrumente. Pachelbels Kanon ist wohl sein bekanntestes Werk, das er für drei Geigen schrieb. Gefällt er dir auch?

105

Alessandro Scarlatti (1659-1725): Er zeigte schon als Kind ein grosses Talent für Musik, so dass ihn sein Vater nach Rom schickte, um dort Unterricht zu nehmen. Hier war er darauf mehrere Jahre Musikdirektor im Palast von Königin Christine von Schweden. 1694 ging er nach Neapel, wo es mehrere Opernhäuser gab. Damals assen die Leute oder spielten Schach während der Aufführung, vor allem bei langweiligen Auftritten. Scarlatti entwickelte eine neue Form mit vielen schönen Arien, was die Zuschauer interessanter fanden. Er komponierte 115 Opern, von denen nur 36 erhalten geblieben sind. Viele seiner Kompositionen sind für Singstimmen.

120 178 179 181

Georg Philipp Telemann (1681-1767): Einen grossen Teil seines musikalischen Wissens hat sich Telemann autodidaktisch (selber, ohne Lehrer gelernt) angeeignet. Mit dreissig Jahren stand er in Hamburg an der Spitze seines musikalischen Lebens: Er war Direktor der Oper, Direktor der Kirchenmusik der fünf Hauptkirchen und Konzertunternehmer. Er komponierte, dirigierte und organisierte rastlos. Seine zweite Frau lief ihm davon und hinterliess eine Menge Schulden. Telemann musste bis zu seinem Tod hart arbeiten. Verleger, die seine Werke druckten und verkauften, wurden daran reich, gaben ihm aber nur eine kleine Entschädigung. Er kämpfte für das künstlerische Urheberrecht. Einige seiner Kompositionen hat er sogar selber in kupferne Druckplatten gestochen, damit er mehr verdienen konnte. Trotz der vielen Arbeit fand er noch Zeit, Pflanzen zu sammeln. Händel, mit dem er befreundet war, schickte ihm einige Male aus London eine Kiste mit botanischen Neuheiten für sein Herbarium. Fast blind starb Telemann im Alter von 86 Jahren.

124 151

Johann Mattheson (1681-1764) war ungewöhnlich talentiert und hatte das Glück, dass ihm seine Eltern eine gute Ausbildung ermöglichten. Neben der Schule bekam er Privatunterricht im Tanzen, Zeichnen, Reiten, Fechten, in Mathematik, Englisch, Französisch und Italienisch. Mit 6 Jahren nahm er die ersten Gesangsstunden, spielte Gambe, Violine, Flöte, Oboe und Laute.
Als 9-Jähriger sang er bereits in Hamburgs Kirchen und in der Oper. 1703 befreundete er sich mit Händel und lehrte ihn wie man im dramatischen Stil für Opern komponiert. Bei einer Aufführung verkrachten sie sich und Mattheson brachte Händel bei der darauffolgenden Fehde fast um. Sie versöhnten sich jedoch wieder und arbeiteten weiterhin gemeinsam am Theater.
Der englische Botschafter in Hamburg stellte Mattheson als Lehrer für seinen Sohn an. Später wurde der Musiker sogar sein Sekretär, vertrat den Botschafter bei wichtigen Angelegenheiten, begann Rechtswissenschaften, Englisch, Politik und Wirtschaft zu studieren und wurde Experte zur Lösung kniffliger Fragen zwischen England und Hamburg. Er heiratete die Tochter eines englischen Ministers und übersetzte Geschichtsbücher, philosophische Werke und Novellen vom Englischen ins Deutsche. Daneben war er musikalischer Direktor des Hamburger Doms. Erst als er mit 54 Jahren taub wurde, versiegte seine Schaffenskraft. Georg Philipp Telemann dirigierte an seiner Beerdigung ‚Das fröhliche Sterbelied', das Mattheson selber für diesen Anlass komponiert hatte. Leider sind die meisten Werke Matthesons, die in der Staatsbibliothek in Hamburg aufbewahrt wurden, den Bomben des 2. Weltkriegs zum Opfer gefallen.

146 160

Charles Buterne (ca. 1710-1760) war ein wenig bekannter französischer Komponist und Organist. Man kennt weder sein Geburtsjahr noch sein Todesjahr. Er muss ein Meister der Drehleier, einem Instrument, das damals grosse Mode war, gewesen sein. Schade, dass von ihm nur wenige Kompositionen erhalten geblieben sind.

120

Carl Philipp Emanuel Bach (1714-1788) war eines der elf Kinder von Johann Sebastian Bach. Er spielte Klavier im Privatorchester des Kronprinzen Friedrich von Preussen, der selber sehr gut Flöte spielte. Als Friedrich 1740 König wurde und sein erstes Solokonzert gab, begleitete ihn Carl Philipp Emanuel. Für die nächsten 28 Jahre blieb er als musikalischer Begleiter am Hof. Obwohl er oft sehr lange im Vorzimmer des Königs warten musste, bis man ihm mitteilte, ob die Majestät zu musizieren gedenke oder nicht, blieb Bach noch Zeit zum Komponieren und Konzerte aufzuführen. Nach dem Tode seines Paten G. Ph. Telemann übernahm er dessen Stelle als Musikdirektor der fünf Hauptkirchen in Hamburg, die er bis zu seinem Lebensende innehielt.

a Spiele zur Tongestaltung von Portato:

1. Alle sitzen im Kreis. Ein Tennisball wird durch sanftes Stossen hin- und hergerollt, ohne ihn anzuhalten. Bei jedem Stoss sagen die Kinder "düüüüüüü" solange der Ball rollt.
2. Ursina rollt den Ball, die andern spielen einen Ton so lange, bis sie den Ball anhält.
3. Tobias spielt einen Ton auf der Flöte und die andern lassen ihren Ball rollen, bis der Ton aufhört.
4. Sonja spielt, die andern ziehen je nach Tonlänge mit einem weichen Stift Striche auf ein Blatt Papier.

b Spiele zur Tongestaltung von Staccato:

1. Einen Ping-Pong-Ball auf den Boden werfen und beim Aufprall "tü" rufen oder auf einem Ton "tü" spielen.
2. Nadia und Karin stehen sich gegenüber und 'spielen' (mit der Flöte) Pingpong, indem sie den Aufprall des Balles auf den Tisch spielen ("tü" - "tü" - "tü" etc.).

---

c Bei Nr. 22 sind die Atemzeichen nie bei einem Taktstrich. Warum das?

Spielt das Stück auch im Wechsel als Gespräch. Wie wäre es mit Sopran- /Altflöte oder Sopranino/Altflöte?

---

d Rätsel (Löse rückwärts!)

ERZÄHLE MIR EINE ____________________

ER LIEST NUR ____________________

DIE LÖWIN JAGTE EINE ____________________

KENNST DU DEN ELEFANTEN ____________________ ?

ICH LIEBE BÜCHER VON ____________________

____

ICH KNIPSE EIN FOTO, SAG BITTE ____________________

ER FLOH OB DES LAUTEN ____________________

Vivacetto! 24 bis 28

Der unvollständige Takt am Anfang eines Stückes heisst **Auftakt**. Er ergibt zusammen mit dem verkürzten Schlusstakt einen vollen Takt. Der Auftakt ist unbetont.

a Zeichne ein, wo du atmest.
Wie viele Stücke auf dieser Seite haben einen Auftakt? ______
Welcher Schlag im Takt ist immer betont? ________________

Blättere ***Vivace*** durch und suche möglichst viele verschiedene Auftakte.
Schreibe sie samt Vorzeichen und Taktangabe ab.
Notiere über dem Notensystem auch die Nummer des Stückes, bei dem du den Auftakt gefunden hast.
Wer findet am meisten?

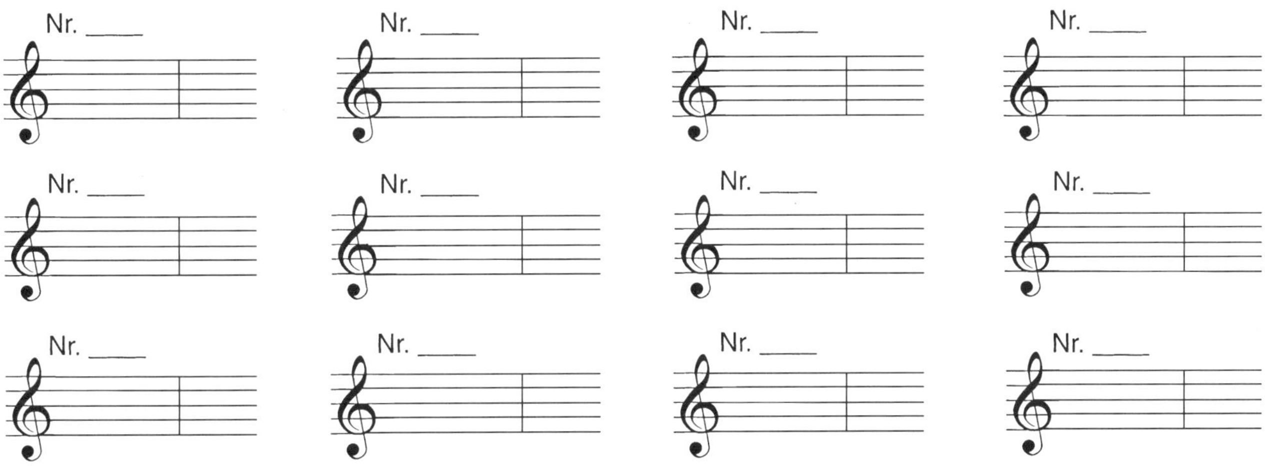

b Unsere Sprache hat betonte und unbetonte Silben. Bei einem Rap hört man das besonders gut.
Auf den ersten Schlag eines Taktes fällt immer eine betonte Silbe.

Unterstreiche bei diesen **Raps** die betonten Silben und ergänze die fehlenden Noten. Falls die erste oder mehrere Silben am Anfang einer Linie unbetont sind, also auftaktig gesprochen werden, gehören sie zum letzten Takt der vorangehenden Zeile. In diesem Fall gibt es keinen Taktstrich am Ende der Zeile.

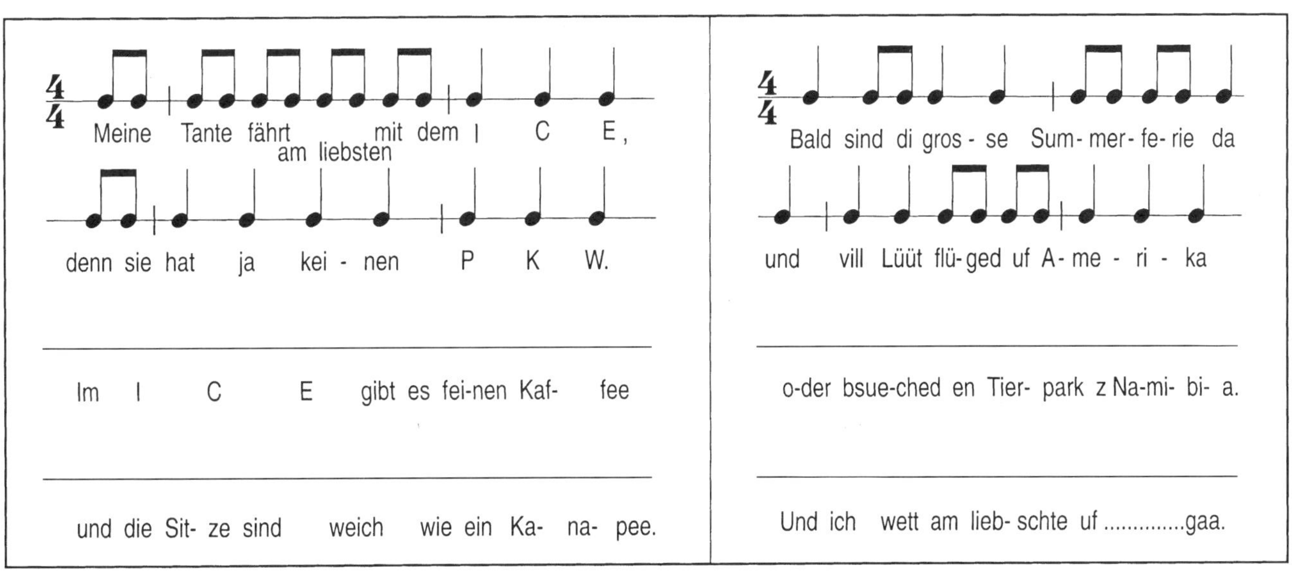

Sprecht die Raps. Begleitet euch mit Schlaginstrumenten. Wer spielt mit der Flöte dazu?
Erfindet eigene Raps! Mit einem Reimlexikon ist es nicht schwer. Es können sich auch nur zwei Zeilen reimen.

Vivacetto! **30**

Spirituals

Spirituals (engl. = geistliche Lieder) sind die Lieder der schwarzen Sklaven, die im 18. und 19. Jahrhundert in den Südstaaten der USA lebten. Durch diese Lieder drückten sie ihre Sehnsucht nach Freiheit, Frieden und Gleichberechtigung aus. Die Texte waren oft Gebete oder Verse aus der Bibel. Sie entstanden spontan bei der Arbeit oder in Gottesdiensten und wurden durch Händeklatschen und Fussstampfen unterstrichen.

Die meisten Spirituals haben **Synkopen**

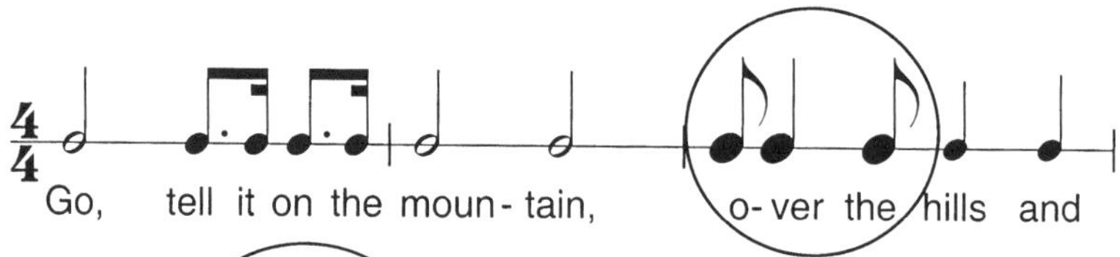

oder **gegenpunktierte Gruppen**
(eine spezielle Art von Synkopen)

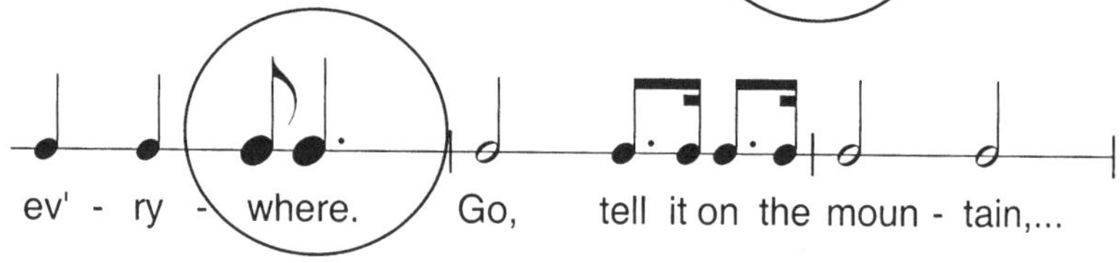

Wie viele gegenpunktierte Gruppen hat die erste Stimme von 'It's me' (Nr. 30)? ________

Vivacetto! **31**

a Das ist der Rhythmus der ersten Linie von Nr. 31. Erfinde eigene Texte dazu:

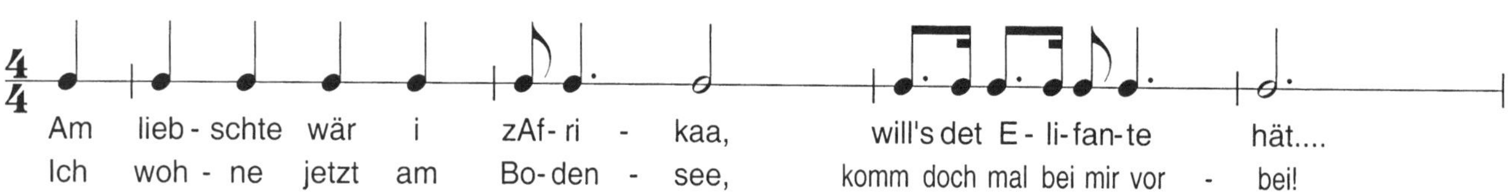

____

____

b Wie wär's mit einem Notendiktat wie bei Vivacetto! Nr. 3 c?

Vivacetto! 32

a Improvisiere eine Melodie in C-Dur. Man könnte auch sagen: Mache eine melodische Reise vom Grundton C aus und kehre zu diesem zurück.

Kannst du eine Reise machen, die volkstümlich klingt?
Nr. 23 und 29 im ***Vivace*** können dir dazu eine Idee geben.

Wer reist durch die Südstaaten der USA und erfindet einen Spiritual? Was ist typisch dafür?

b Stellt euch auch musikalische Fragen in C-Dur im volkstümlichen Stil oder wie ein Spiritual.
Wisst ihr noch? - Frage nicht mit C aufhören, Anwort endet auf dem C.

c Rätsel (Löse rückwärts!)

HABEN SIE EINEN ______________________?

ICH LERNE ______________________?

SIE LIEGT
UNTER DER ______________________

SIEHST DU DEN ______________________?

DIE WOLLE
KOMMT VON DEN ______________________

ER FLOG NACH ______________________

SIE
ERKRANKTE AN ______________________

WÜRDEST DU
BITTE DEN BODEN ______________?

DAS PFERD
ZIEHT EINE ______________

SCHENKE MIR EINE ______________

ICH
TREFFE DICH IM ______________

ER FOTO-
GRAFIERTE VIELE ______________

DER FUCHS
FOLGTE DER ______________

DAS
LAND BRAUCHT ______________

Vivacetto! 33 bis 35

a Welches der drei Städtelieder hat Synkopen?______________

Welches hat gegenpunktierte Gruppen? __________________

Begleiten nach Akkordangaben (siehe auch Seite 14 und 15)

Die Akkordangaben (Buchstaben über der Musik) dienen Gitarristen und Pianisten zum Begleiten. Aber auch wir Flötisten können mit Hilfe dieser Angaben eine einfache Begleitstimme spielen.

Ein C bedeutet: Hier kann man mit dem C-Dur Akkord begleiten, bis ein anderer Akkord angegeben ist. Ein C-Dur Akkord ist ein Vier- oder Mehrklang aus den Tönen des C-Dur Dreiklanges.

b Einfache Lieder haben nur 2 Akkorde zur Begleitung. Schlage Nr. 18 im ***Vivace*** auf. Spiele immer den Grundton des Akkordes, der angegeben ist und zwar so lange, bis eine neue Akkordangabe kommt.

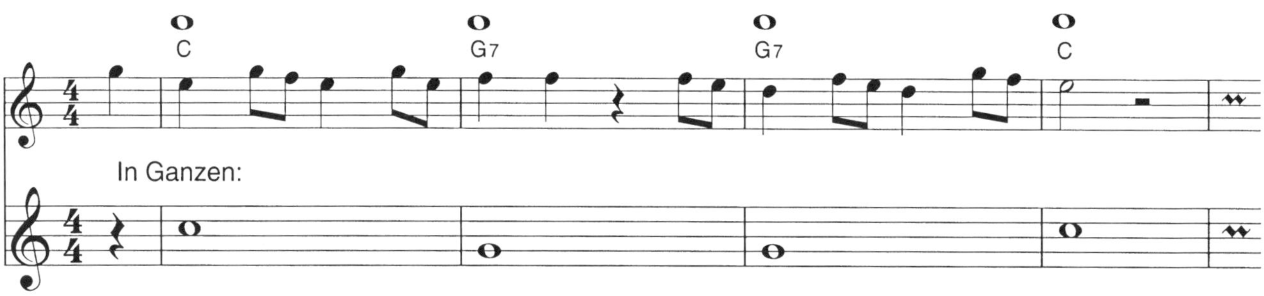

Du kannst dir die Notenwerte über den Akkord schreiben, wenn es dir eine Hilfe ist.

c Spiele nun auch eine Begleitstimme zu den Nummern 17, 24, 25, und 28.

Oft eignet sich eine Tenorflöte besser, um die Grundtöne der Akkorde zu spielen.

d Spiele g' und dann die Oktave g"! Höre gut! Oft klingt g" zu hoch.

Spielt diese Übung auch als Kanon. Setzt nach einem Takt ein.

e Nun kannst du schon folgende Lieder nach Gehör spielen (in Klammern steht der Anfangston):

Die Vögel wollten Hochzeit halten (e")
Es wott es Fraueli zMärit ga (g')
Guten Morgen ... good morning .. ((g')
I fahr, i fahr (g")
Wir sind zwei Musikanten (g')

Vivacetto! 43 bis 45

a **Es war ein König in Thule**
ist ein Lied von Liebe und Treue
bis über den Tod hinaus.
Hier noch die weiteren Strophen:

2. Es ging ihm nichts darüber,
er leert ihn jeden Schmaus,
die Augen gingen ihm über,
so oft er trank daraus.

3. Und als er kam zu sterben,
zählt er sein Städt' im Reich,
gönnt' alles seinen Erben,
den Becher nicht zugleich.

4. Er sass beim Königsmahle,
die Ritter um ihn her,
im hohen Vätersaale
dort auf dem Schloss am Meer.

5. Dort stand der alte Zecher,
trank letzte Lebensglut
und warf den heil'gen Becher
hinunter in die Flut.

6. Er sah ihn stürzen, trinken
und sinken tief ins Meer.
Die Augen täten ihm sinken,
trank nie einen Tropfen mehr.

---

b Welche Stücke auf der Seite 22 sind in Dur? Welche in Moll?
Spiele sie, dann hörst du es sicher. Nr. 43__________ , Nr. 44__________ , Nr. 45__________

Bestimme die Tonart von Nr. 43 bis 45.
Der Schlusston und die Akkordangabe verraten dir viel...... Nr. 43________ , Nr. 44________ , Nr. 45________

---

c Weisst du noch den Unterschied zwischen Dur und Moll? Siehe Seite 11.

Klavierspieler haben es gut. Sie können **sehen**, wo Ganztonschritte und wo Halbtonschritte sind.
Bezeichne die weissen Tasten. Zwischen welchen weissen Tasten sind die Halbtonschritte?____________

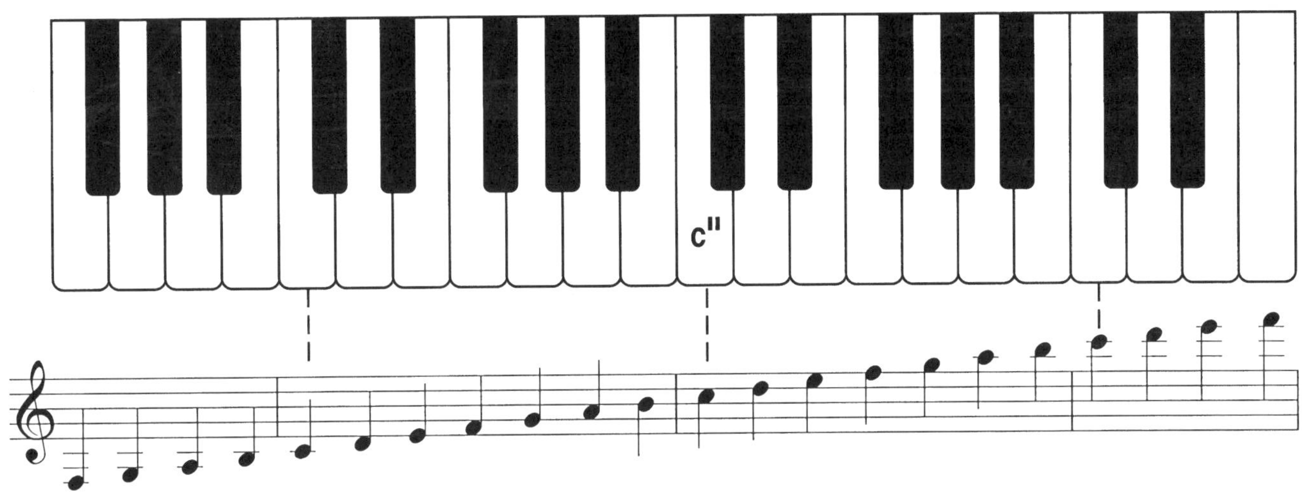

---

d Schreibe die Namen der Töne auf und nummeriere sie! Zeichne die Halbtonschritte ein! Siehe Seite 11.

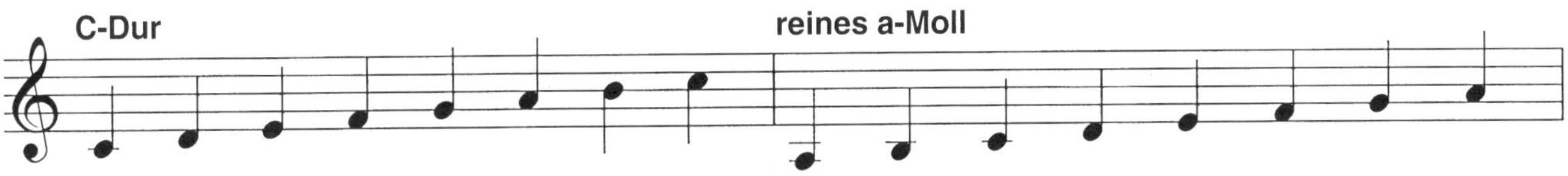

C____

1____

Deine Lehrperson spielt dir Tonleitern vor. Dur oder Moll?

Vivacetto! 46

a Schreibe Sechsachteltakte in verschiedenen Rhythmen mit Tönen, die du schon spielen kannst. Bei den Nummern 73, 96, 104, und113 im ***Vivace*** kannst du dir Ideen holen.

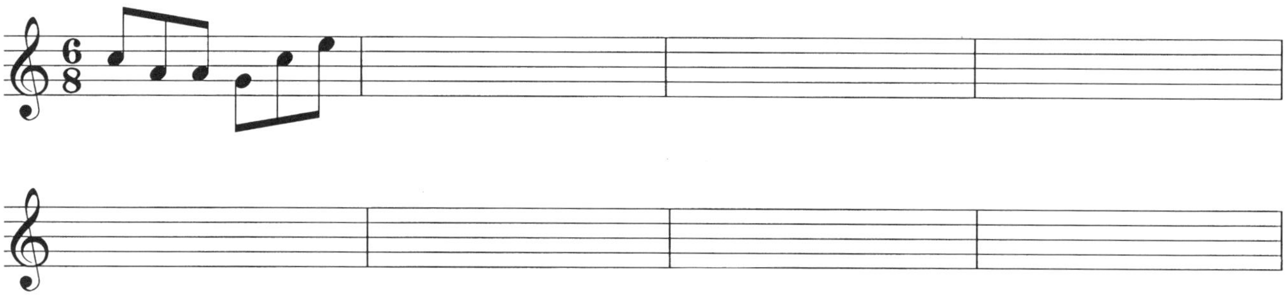

Spiele!
Singe deine Rhythmen auf irgend eine Silbe (la la, to to, usw.) und klatsche gleichmässige Achtel dazu.

b Silvia steht dir gegenüber. Erfinde eine ganz einfache und kurze Melodie. Ihr spielt diese Melodie nun abwechslungseise wie eine Maschine.

Urs spielt eine kurze Melodie, die ihr wie einen Ball weitergebt: Ein Kind nach dem andern spielt sie nach.

Rätsel

Dreiklänge

Zwei übereinandergestellte Terzen bilden einen Dreiklang.
Der unterste Ton gibt ihm den Namen.
(In den Beispielen rechts gibt es zweimal zwei Dreiklänge, die gleich heissen. Kannst du sie herausfinden?)

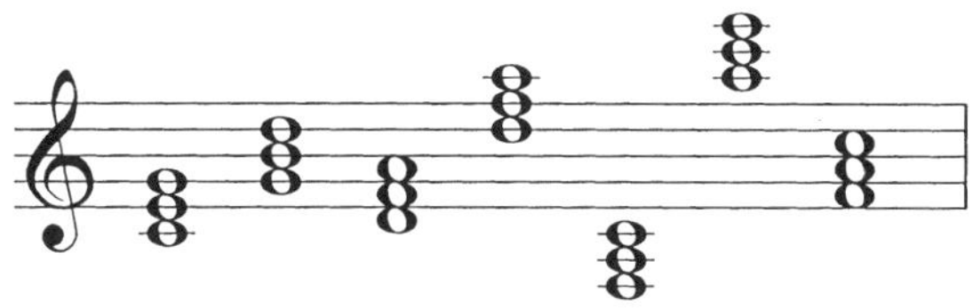

Da es in jeder Tonleiter Halbtonschritte gibt, sind die Terzen gross oder klein. (Siehe Intervalle Seite 9.)
Deshalb gibt es vier verschiedene Arten von Dreiklängen:

	Dur	Moll	vermindert	übermässig
oben … Terz	**kleine**	**grosse**	**kleine**	**grosse**
unten … Terz	**grosse**	**kleine**	**kleine**	**grosse**

a Zeichne die Terzen wie Pakete, die aufeinanderstehen! Der Raster ist ein Ganztonschritt. Male die grossen und die kleinen Terzen mit je einer Farbe aus!

b Schreibe die Namen der Töne auf die weissen Tasten des Klaviers.
Male die Tasten der Töne, die du auf der Flöte bereits spielen kannst, aus.
Wie viele Dreiklänge kannst du mit den bemalten Tasten spielen? Wie heissen sie? Dur oder Moll?

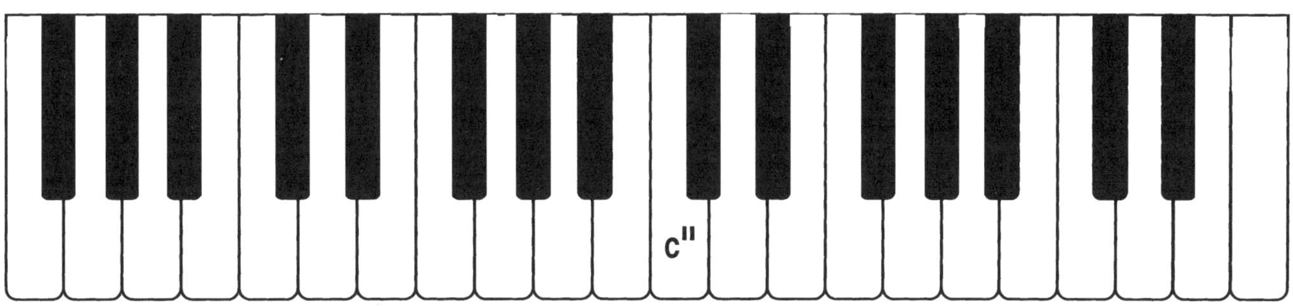

c Schreibe die Dreiklänge, die du schon jetzt auf der Flöte spielen kannst, auf.
Dur oder Moll? Wenn du nicht sicher bist, kannst du auf dem Klavier nachschauen.
Benenne die Töne und die Dreiklänge wie das Beispiel.

a c e a-Moll

Spiele die Dreiklänge auf und ab, wild und zart, in verschiedenen Takten und Rhythmen.
Lass die andern erraten: Dur oder Moll?

Seite 24 im ***Vivace***: Kreise alle Dreiklänge (Akkordangaben), die du spielen kannst, ein.

Vivacetto! 49

a Wir machen aus diesem Moderato eine Übung zur Artikulation und rhythmischen Veränderung.
Ich nehme an, Gottfried Finger wäre damit einverstanden gewesen!

Wir verändern nur die Gruppen mit den vier Sechzehnteln.
Spiele das Moderato mit diesen Varianten:

Hast du noch weitere Ideen? Zeichne sie ein.

b Ergänze diese Melodien so, dass du sie nachher spielen kannst.

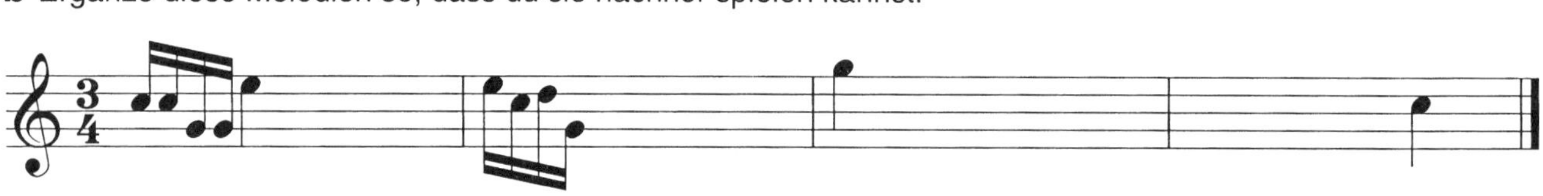

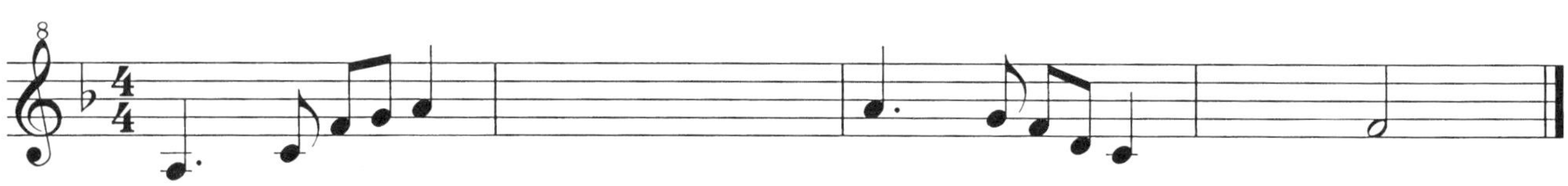

c Rätsel

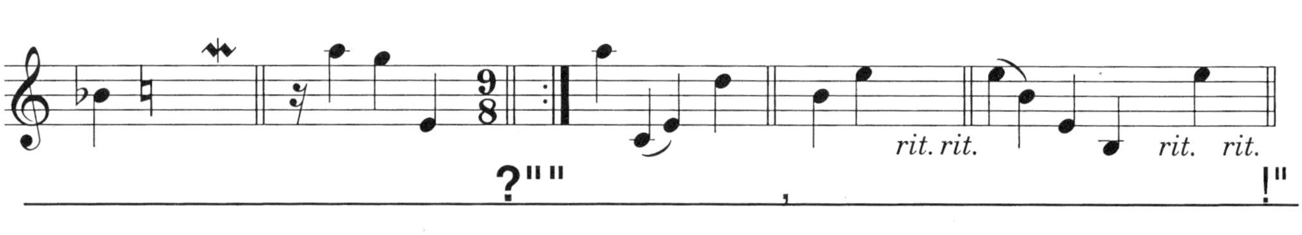

Vivacetto! **52**

Ein Konzert mit Schlagwerk

Klatscht, patscht auf die Knie etc.

Welche Instrumente stehen euch zur Verfügung?

Besprecht miteinander, wo ihr sie einsetzen wollt.

Erfindet noch andere Rhythmen mit einem Text dazu.

Bauchtänze an einer Musikschule in Namibia

Wer improvisiert auf der Flöte eine Melodie dazu?
Oder wer spielt eine Akkordbegleitung z. Bsp. auf dem Metallophon (I - IV - V - I, je einen Takt lang)?
Wer tanzt dazu?

Folgende Lieder kannst du jetzt nach Gehör spielen (in Klammern steht der Anfangston):

Bruder Jakob (c'')
Chumm, mir wei go Chrieseli (c'')
De Hans im Schnäggeloch (g')
Der Hans im Schnokeloch (g')
Der Mond ist aufgegangen (c'')
Du fragsch mi wär i bi (g')
Es tanzt ein Bibabutzemann (g')
Hinderem Münschter (e'')
I am sailing (g')
Ich kenne einen Cowboy (g'')
I Mueters Stübeli (c'')
Kennet ihr das Gschichtli scho (Eskimo) (d'')
Nun wollen wir singen das Abendlied (g'')
O du stille Zeit (g')
Wir sind durch die Welt gefahren (g')

Kopieren? Siehe Seite 2.

Die Funktion der Dreiklänge innerhalb einer Tonart (siehe auch Seite 14)

Jeder Dreiklang hat innerhalb seiner Tonart eine Funktion, so wie ein Fussballer innerhalb seiner Mannschaft eine besondere Stellung hat. Die Dreiklänge, wie die Fussballer, stehen zueinander in bestimmten Beziehungen.

Ich stelle dir jetzt die Dreiklangmannschaft am Beispiel C-Dur vor und auf der nächsten Seite erzähle ich dir über jeden Spieler etwas.

Die C - Dur Mannschaft:

	C–Dur	d–Moll	e–Moll	F–Dur	G–Dur	a–Moll	H–verm.
Stufen:	**I**	**II**	**III**	**IV**	**V**	**VI**	**VII**
	Tonika			**Subdominante**	**Dominante**		

---

a Beachte die Kleidung. Warum tragen die Stufen I, IV und V lange Hosen und kurze T-Shirts? Siehe S. 33.

Und warum trägt die II., III. und VI. Stufe kurze Hosen und lange T-Shirts?______________________

Male alle kurzen Hosen mit der gleichen Farbe an wie die kurzen T-Shirts und alle langen Hosen gleich wie die langen T-Shirts.

Warum hat die VII. Stufe Hosen und T-Shirt von der gleichen Farbe?______________________

Male die Socken erst an, wenn du die nächste Seite gelesen hast.

---

b Zu den Stücken Nr. 53 bis Nr. 55:

In welcher Tonart stehen diese Musikstücke? ____________

Welche Akkorde* kommen bei der Begleitung am meisten vor? ________ Welche Stufen sind das? _______

Mit welchem Akkord beginnen und enden die Stücke?____________ Welche Stufe ist das?__________

Welcher Akkord folgt immer auf G (oder G7)? ____________

* Ein Akkord ist ein Zusammenklang von mindestens drei Tönen. Der bekannteste Akkord ist der Dreiklang.

Wie sehe ich in diesen Tonarten aus?
Wie heisse ich? (Vorzeichen nicht vergessen).

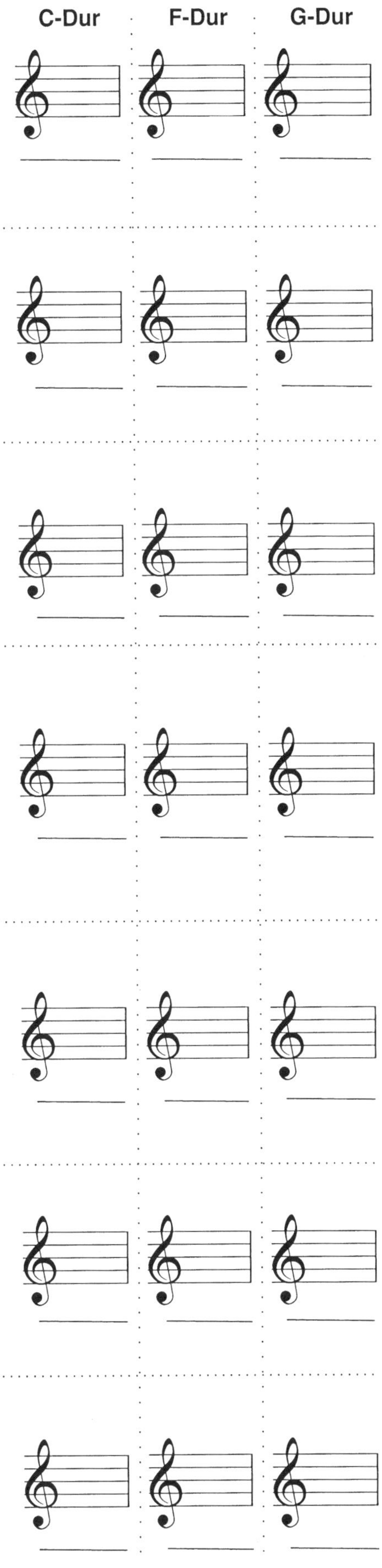

Ich, die **Nr. I,** heisse auch **Tonika** und bin der Boss der Mannschaft. Meistens bin ich am Anfang des Spieles am Ball und am Ende auch. Sie nennen mich nur **'Toni'**. Mein bester Freund ist Dante (Dominante, die Nummer V). Er spielt mir den Ball (fast) immer zu. Es gibt Stücke, die bestreiten Dante und ich alleine. Oft sind wir auch nur zu dritt: Dante, Subi (Subdominante) und ich. Wir sind eben die Dur - Akkorde der Mannschaft.

Ich, die **Nr. II**, bin der kleine Bruder von 'Subi' (Subdominante),deshalb tragen wir die gleichen Socken. Wir haben zwei Töne gemeinsam. Manchmal bekomme ich den Ball an Stelle von Subi, aber ich würde gerne mehr spielen. Ich stehe schon ein bisschen in seinem Schatten.

Ich, die **Nr. III**, habe zwei Töne gemeinsam mit 'Dante' (Dominante). Wir sind Brüder und tragen immer die gleichen Socken. Manchmal spiele ich an Stelle von Dante oder er gibt mir den Ball. Die Zuschauer mögen mich, weil ich das Spiel abwechslungsreich mache.

Ich, die **Nr. IV,** bin die **Subdominante**. Sie nennen mich einfach **'Subi'**. In diesem Spitznamen steckt etwas vom italienischen Wort 'subito', was 'schnell' heisst. Wenn ich am Ball bin, dann läuft etwas, die Zuschauer haben das Gefühl von Freiheit und Weite. Toni und Dante meinen zwar, sie könnten manchmal ohne mich spielen, aber mit mir ist es viel interessanter. Ich gebe den Ball meistens Toni und bekomme ihn auch oft von ihm.

Ich, die **Nr. V,** bin die **Dominante.** Man nennt mich kurz **'Dante'**. Ich gebe den Ball meistens an Toni ab. Wenn ich meine Mütze mit der 7 darauf trage, dann kann ich gar nicht anders, der Ball geht automatisch zu Toni. Die 7 bedeutet, dass noch der 7. Ton von meinem Grundton aus dazukommt. Ich bin dann ein Vierklang. Ich habe zwei kleinere Brüder im Team, die Nr. III und die Nr. VII.

Ich, die **Nr. VI**, bin der kleine Bruder der Tonika. Wir haben zwei Töne gemeinsam und tragen natürlich die gleichen Socken. Ich bewundere Toni. Er ist ein toller Captain, ich liebe seine Ausstrahlung. Er ist mehr am Ball als ich, aber manchmal bekomme ich statt Toni den Ball von Dante, was dem Spiel immer eine besondere Note verleiht.

Ich, die **Nr. VII**, bin der kleinste im Team, ein Bruder von Dante. Wenn er die Mütze mit der 7 trägt, sind drei von seinen Tönen genau gleich wie meine drei. Wir sind so ähnlich, dass man uns verwechseln würde, wenn ich nicht so klein wäre. Ich bekomme den Ball von Toni oder Subi und spiele ihn dann zu Toni zurück. Meistens kommt mir aber Dante zuvor und schnappt mir den Ball vor der Nase weg.

Vivacetto! 54

The Mallow hat drei Akkorde als Begleitung: C, G (G7) und Dm.

a Schreibe **alle** Töne auf, die zu diesen Akkorden gehören und die du spielen kannst.

Am Beispiel Akkord F siehst du, wie das gemeint ist:

F-Dur: f, a, c ______ C-Dur: ______ G-Dur: ______ d-Moll: ______

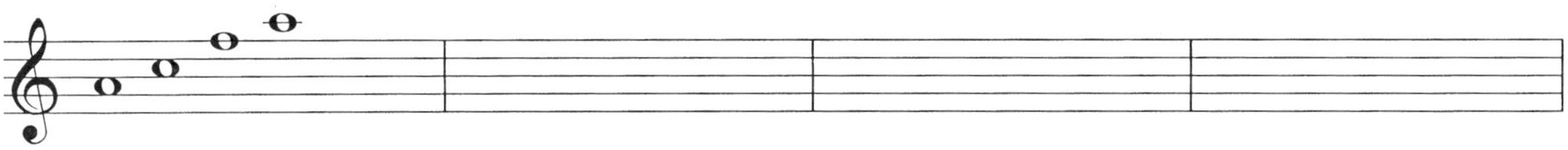

b Erarbeitet zu zweit eine einfache Begleitung in Vierteln zu Nr. 54: Louise spielt die Melodie und Anna die Begleitung. Probiert zuerst, wie der Grundton des Akkordes als Begleitstimme klingen würde. Wenn euch dieser nicht gefällt - er ist zu hoch, zu tief oder wird bereits von der Melodie gespielt - dann versucht einen andern Ton aus dem Akkord. Gefällt euch der besser? Spielt den gleichen Takt oder zwei Takte immer wieder, bis ihr etwas herausgefunden habt, das euch gefällt! Notiert euch euren Ton im ***Vivace***, wenn ihr nicht den Grundton des Akkordes spielt (siehe Beispiel unten)! Spielt einander vor, was ihr herausgefunden habt!

c Spielt eine kleine G-Dur Tonleiter (g' bis d'') nach der Anleitung von Nr. 13 im ***Vivacetto***.

d Rätsel

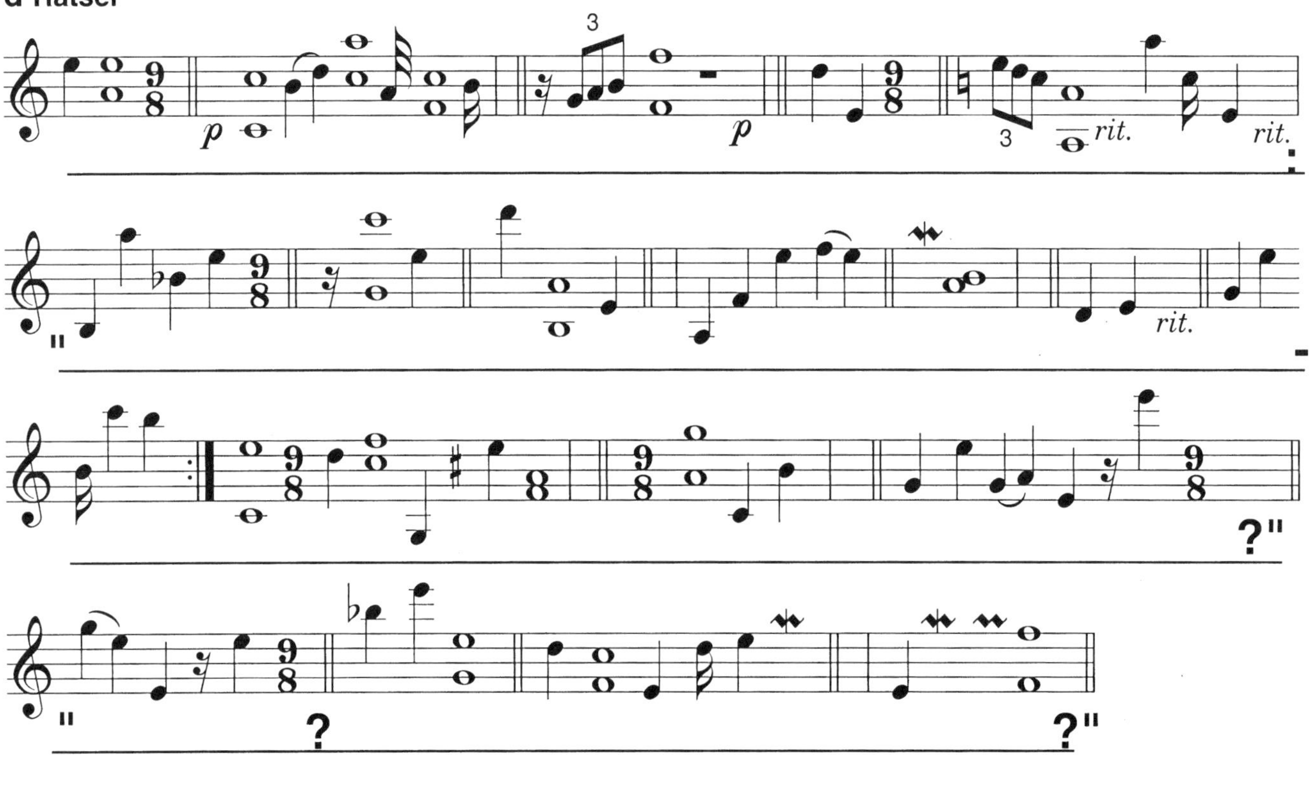

Vivacetto! 65

a Hast du eine Lieblingsmelodie? Ein Lieblingslied? Kannst du sagen, warum es dir gefällt?

Wie klingt es in dir, wenn du fröhlich, traurig, nervös, beleidigt usw. bist? Improvisiere eine Melodie und lass die andern erraten, welche Stimmung du ausdrücken willst.

Schneidet aus Zeitschriften Menschen aus! Sagt dir der Gesichtsaudruck etwas? Improvisiere eine passende Melodie dazu! Du kannst auch eine aus ***Vivace*** aussuchen.

---

b Wir nehmen die Begleitakkorde unter die Lupe

In welcher Tonart stehen die Stücke mit den Nummern 64 bis 66 ? __________

Schreibe eine C-Dur Tonleiter! Setze über jeden Ton einen Dreiklang und notiere darunter wie er heisst. Dur oder Moll?

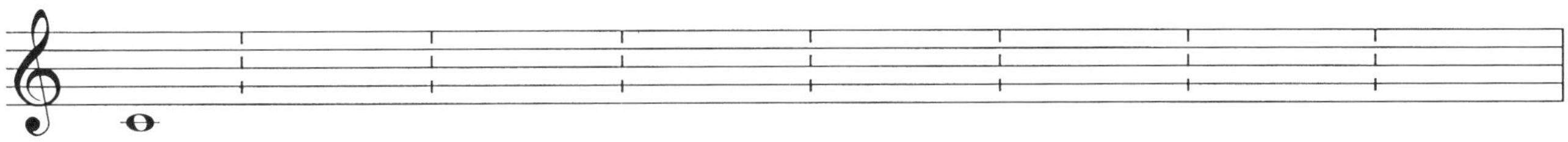

____

Wenn du nicht mehr sicher bist, ob Dur oder Moll, kannst du auf dem Klavier nachschauen. (C-Dur: nur weisse Tasten. Weisst du noch, wo das C ist?) Benenne die Tasten, wenn es dir eine Hilfe ist.

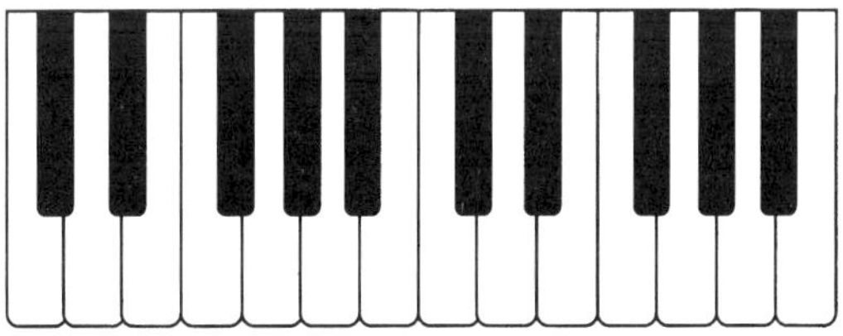

---

c Wie oft kommen welche Akkorde in den Nummern 64 bis 66 vor? (Vorläufig gilt: G7 = G, S. 41 mehr draüber.)

____

Was sagst du dazu?____

---

d Alle Töne der Dur-Tonleiter sind in den drei Dur-Akkorden enthalten. Mit diesen drei kann man deshalb eine einfache Begleitung gestalten. Nimmt man Moll-Akkorde dazu, wird das Stück farbiger, interessanter.

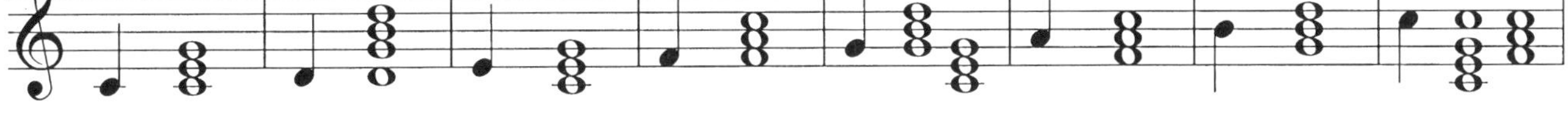

---

e In welcher Tonart steht das Stück mit der Nr. 67? Diskutiere diese Frage mit deiner Lehrperson.
Wie viele verschiedene Akkorde kommen vor? ______

Was empfindest du beim Schluss dieser Melodie?______________________________

Vivacetto! 68

a Folgende Lieder kannst du jetzt nach Gehör spielen (in Klammern steht der Anfangston):

An den Ufern des Mexiko Rivers (g')
An einem Sommermorgen (g')
Auf, auf zum fröhlichen Jagen (g')
Auf de schwäbsche Eisenbahne (g')
Auf einem Baum der Kuckuck (g'')
CAFFEE (g'')
Det änen am Bergli (g')
Froh zu sein (g'')
Kein schöner Land (g')
Koldodi (a')
Miau, miau (g')
Schön ist die Welt (g')
Auf, du junger Wandersmann (c'')
Aus grauer Städte Mauern (g')
Du fragsch mi wär i bi (g')
Ein Jäger längs dem Weiher ging (g')
Im Frühtau zu Berge (g')
Le coque est mort / Der Hahn ist tot (c'')
L'inverno l'è passato (g')
s'Elli (d Nase platt as Fenschter truckt) (e'')

b Schreibe Takte mit verschiedenen Rhythmen! (Vergiss Synkopen nicht.)
Klatsche den Schlag und sprich den Rhythmus auf irgendwelchen Silben oder der Rhythmussprache dazu.
Wieviele verschiedene Noten- und Pausenwerte hast du eingesetzt?__________

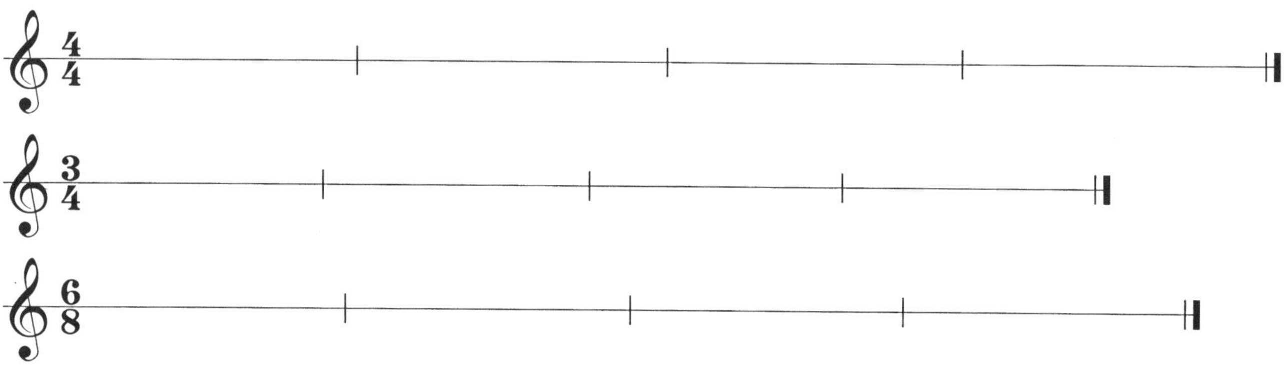

c Sonja spielt irgend einen Ton.
Die andern versuchen ihn nacheinander nachzuspielen.
Wer trifft ihn?

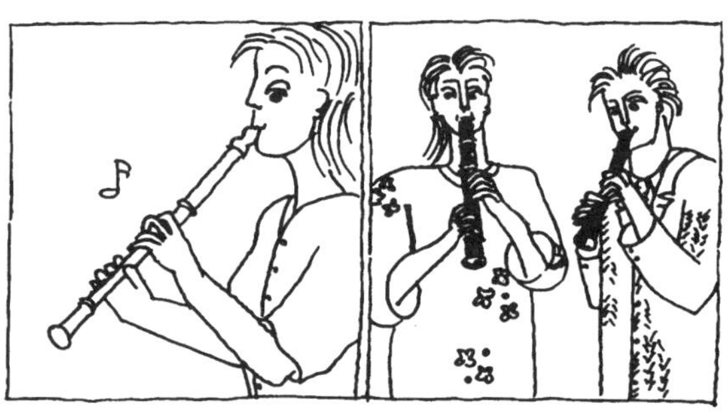

d Du wählst zwei (später drei, vier usw.) Töne. Rhythmusmöglichkeiten stehen dir unbegrenzt zur Verfügung.
Improvisiere eine Melodie.

e Wähle irgend einen Takt aus, den du unter Punkt **b** geschrieben hast! Klatsche diesen Takt fortlaufend.
Deine Lehrperson improvisiert dazu (klatscht oder spielt). Lass dich nicht aus dem Rhythmus bringen!

Der Dominantseptakkord

Wenn wir eine dritte Terz auf den Dreiklang der Dominante setzen, haben wir einen Dominantseptakkord. Er heisst so, weil der oberste Ton zum Grundton eine Septime ist. Auf einen Dominantseptakkord folgt immer die Tonika. Man sagt, er löst sich in der Tonika auf.

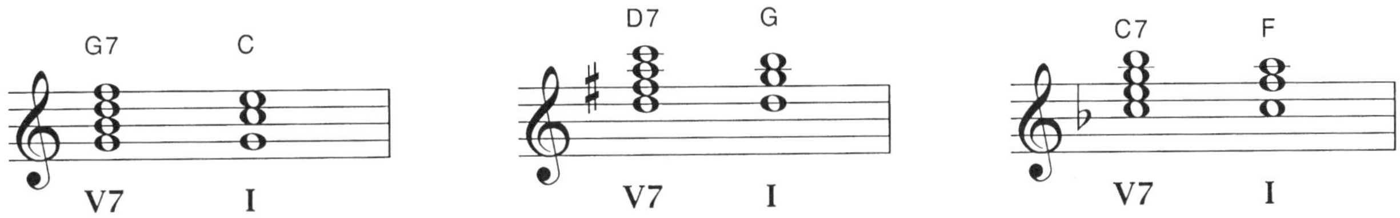

V7	I	V7	I	V7	I
Dominant - septakkord	Tonika	Dominant - septakkord	Tonika	Dominant - septakkord	Tonika
(Dante)	(Toni)	(Dante)	(Toni)	(Dante)	(Toni)

a Spielt den Akkord G7. Erzählt einander, was ihr dabei empfindet. Was kommt euch in den Sinn?

Spielt jetzt G7 - C. Was empfindet ihr dabei?

Der kleine Wolfgang Amadeus spielte einmal Klavier, als sein Vater schon im Bett war. Wolfgang beendete sein Spiel mit einem G-Dominantseptakkord (G7). Der Vater konnte nicht einschlafen, er konnte die Spannung dieses Akkordes nicht aushalten. Er stand auf, ging ans Klavier und spielte ..... ja, welchen Akkord spielte er wohl? Vater Mozart hat den Dominantseptakkord aufgelöst.

b Was soll dieses Bild zeigen?

Wer ist am Ball? Spiele und schreibe die Akkorde über den 1. und 3. Schlag des Taktes.
(Beachte ♪ nicht!) Geschafft? BRAVO!

Vivacetto! **75**

a Was bedeutet DO, SO, LA, usw. im Text dieses Liedes?

Wenn wir die Töne mit c, d, e, f, usw. bezeichnen, so ist das die **absolute Tonbezeichnung.**

DO, RE, MI, FA, SO, LA, TI, DO ist die **relative Tonbezeichnung**. In jeder Dur-Tonleiter ist der Grundton DO, der zweite der Tonleiter RE, der dritte MI usw. Man könnte auch sagen, DO, RE, MI usw. zeigen an, welche Funktion der Ton in der Tonleiter hat. Das ist ähnlich wie bei den Stufenbezeichnungen der Dreiklänge: Die Tonika ist der Dreiklang von DO aus, die Subdominante der Dreiklang von FA aus und die Dominante der Dreiklang von SO aus.

b Wir schreiben eine Variation zu Alli mini Äntli / Alle meine Entchen

Spiele das Lied aus dem Kopf von c'' aus und von g' aus.
Schreibe es auf und beachte dabei:

Wie heisst die Tonart, die du gewählt hast?__________ (Vorzeichen?)

In welchem Takt steht das Lied?______ (Taktangabe)

Wie viele Takte hat das Lied? Singe es, lege bei jedem Taktanfang (betonter Schlag) einen Finger auf den Tisch und zähle am Schluss die Finger! Teile die zwei Linien, die dir zur Verfügung stehen gut ein. Vielleicht ziehst du zuerst die Taktstriche.

Achte beim Notenschreiben immer auf den Abstand der Noten.
Eine Halbe klingt länger und braucht deshalb mehr Platz als eine Viertel usw.

c Schreibe eine Variationen zu 'Alli mini Äntli' (Alle meine Entchen)! (Siehe auch Nr. 36 im ***Vivace***.)

(1)

(2) Hast du noch eine Idee?

Vivacetto! **78**

a Schau Takte 14 und 15 genauer an. Was ist hier besonders? Weshalb gehen die Balken über den Taktstrich?

In den Takten 14 und 15 haben wir eine **Hemiole**. Das gibt es nur bei einem 3er - Takt. Der dritte Schlag, der normalerweise leicht und unbetont gespielt wird, wird aus melodischem oder harmonischem Grund als schwer empfunden und betont.

Du könntest dir auch einen Taktwechsel denken: Aus zwei Dreitakten werden drei Zweitakte.

b Lass dir die Pralltriller und Triller von deiner Lehrperson vorspielen.

Spiele die obere Linie zuerst ohne Pralltriller.

Brauchst du einen Hilfsgriff?

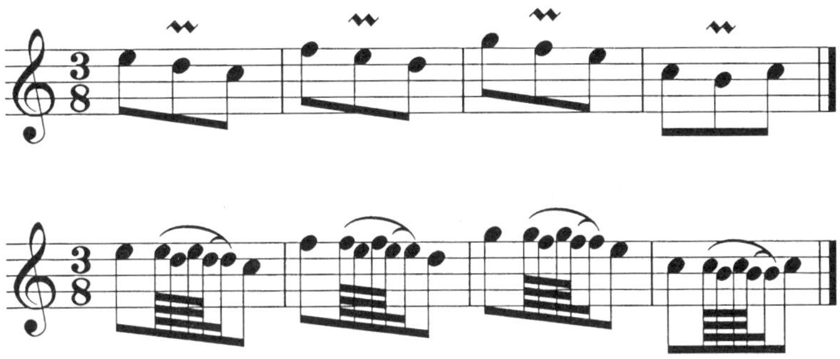

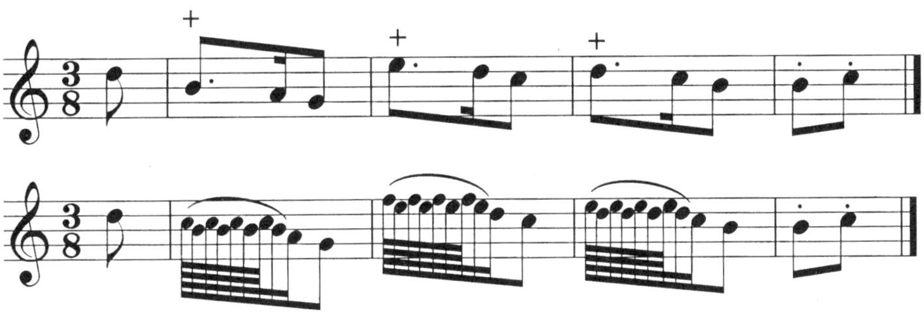

c Der Barocktriller beginnt mit der oberen Nebennote.

Artikuliere diese Übung weich.

d Schreibe die Übung zu Ende und spiele sie.

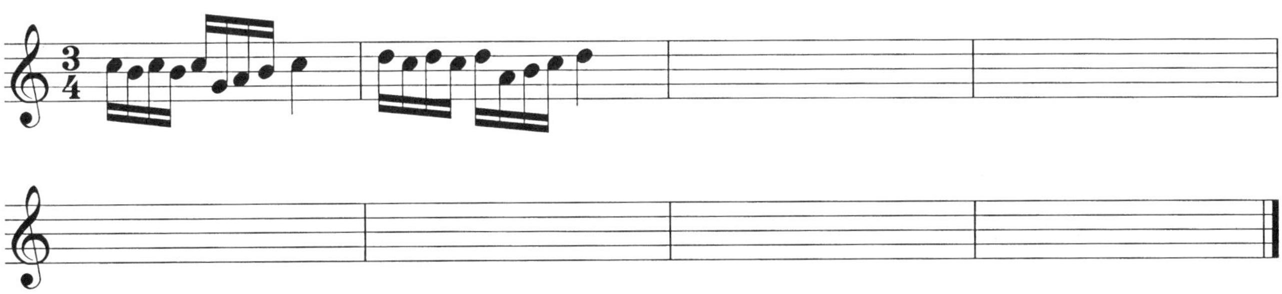

Artikuliere unterschiedlich. Schreibe die fehlenden Artikulationskonsonanten unter die Noten.

erfinde selber etwas:

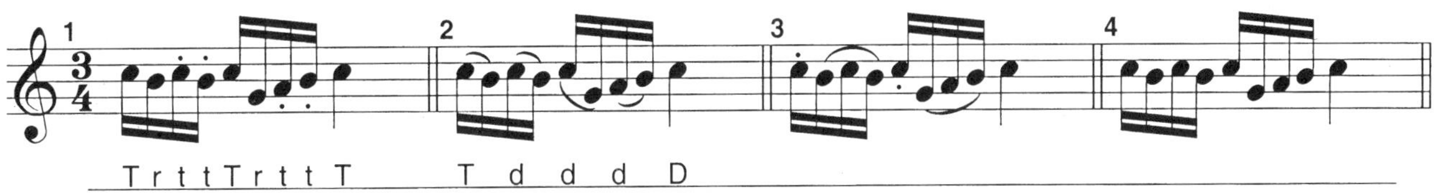

Vivacetto! **79**

a Spiele immer die Oktave des vorangehenden Tones in der Pause.

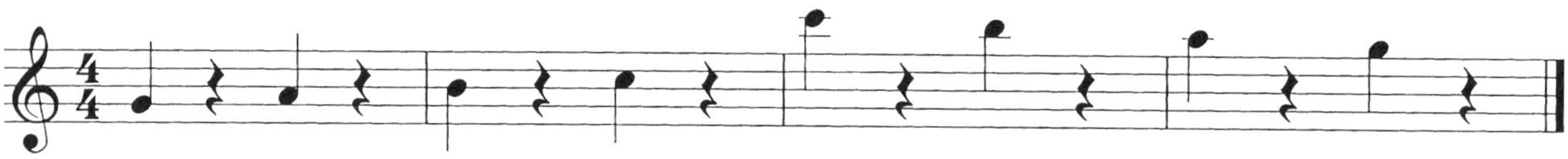

b Spiele und benenne die Töne. Wie heisst die Tonleiter?______ Kannst du etwas über die Dreiklänge sagen?

c Spiele und benenne die Töne! Wie heisst die Tonleiter?_______ Kannst du etwas über die Dreiklänge sagen?

d Ergänze die Melodie.

Rätsel

Wer schreibt selber so ein Rätsel?

Vivacetto! **80**

Zeichne die italienische Flagge:

Era un bel lunedi

Das Lied hat vier Strophen und erzählt folgende Geschichte:

An einem schönen Montag ging ich von meinem Dorf in die Stadt zur Arbeit. Ich sah immer Blumen, Rosen und Jasmin und fühlte mein Herz in Ohnmacht fallen. An einem schönen Morgen erschien ein Herr und machte mir den Hof. Ich sagte ihm leise, dass ich gerne ein Sträusschen hätte und er gab mir Rosen und Jasmin. Im Sträusschen war ein liebes Zettelchen, auf dem er mir seine Liebe erklärte.

Vivacetto! **81**

Zeichne die französische Flagge:

Au Bord de la rivière

Die drei Strophen auf Deutsch:

Ich spazierte dem Bachufer entlang. Das Wasser war klar und ein leichter Wind wehte. Ich legte mich ins Gras und lauschte dem Wind und dem Gesang der Gräser des Feldes. Die Vögel des Himmels sangen ihr Gebet zu Gott. Am Bachufer bin ich eingeschlafen und habe von der Erde und vom Paradies geträumt.

a Vergleicht die Melodien und die Texte der beiden Lieder! Was sagen sie aus über das Temperament der Italiener (Nr. 80)..und über die Art der Franzosen (Nr. 81)?

Wer macht vor, wie ein Italiener singt? (mit Worten, auf la la la oder auch stumm)

Kennst du italienische Wörter?

Was kommt dir in den Sinn, wenn du 'Italien' hörst?

Was essen die Italiener gern?

Wer zeigt, wie ein Franzose singt? (mit Worten, auf la la la oder auch stumm)

Kannst du etwas auf Französisch sagen?

Was möchtest du in Paris sehen?

Kennst du noch andere französische Lieder?

Vivacetto! **82**

Zeichne die amerikanische Flagge:

Das Lied **Wie viele Strassen (How many roads)** ist ein alter Spritual, zu dem der Amerikaner Bob Dylan 1964 einen neuen Text geschrieben hat.

Spürst du, wie die Melodie die Fragen unterstützt? Welches Element braucht sie dazu?

Könnte dieses Lied ein Volkslied aus deiner Gegend sein? Begründe deine Antwort.

Dieses Lied hat die Form ABAC. Was heisst das?

Kopieren? Siehe Seite 2.

Diese Lieder kannst jetzt spielen
(in Klammern steht der Anfangston):

Alle Vögel sind schon da (c'')
Aus den hellen Birken (c'')
Der Wächter auf dem Turme sass (g')
Dieses Haus ... Rocky Docky (e'')
Die Affen rasen (a'')
Drei Zigeuner sah ich einmal (g')
Erwacht ihr Schläferinnen (g')
Es Buurebüebli (e'')
Es tönen die Lieder (g')
Hört ihr Herrn (c'')
Ich lieb den Frühling (c'')
Jetzt fahrn wir übern See (g')
Kookaburra (g'')
Mein Hut der hat drei Ecken (g'')
Mus i denn, mus i denn (c'')
Nach Süden (Prager Studenten) (g')
Singt ein Vogel (g'')
S Ramseyers (g'')
Und in dem Schneegebirge (c'')
Vom Aufgang der Sonne (c'')
Wenn die Sonne ihre Strahlen (g'')
Wer sitzt auf unserer Mauer? (g'')
Wieder ist nach dunkler Nacht (g'')
Wiedewiedewenne heisst (c'')
Wir sind die wohlbekannten (g'')

Der Dreiklangstern

Dreiklänge im Uhrzeigersinn: von aussen: **Dur - Dreiklänge,** von innen: **Moll - Dreiklänge**

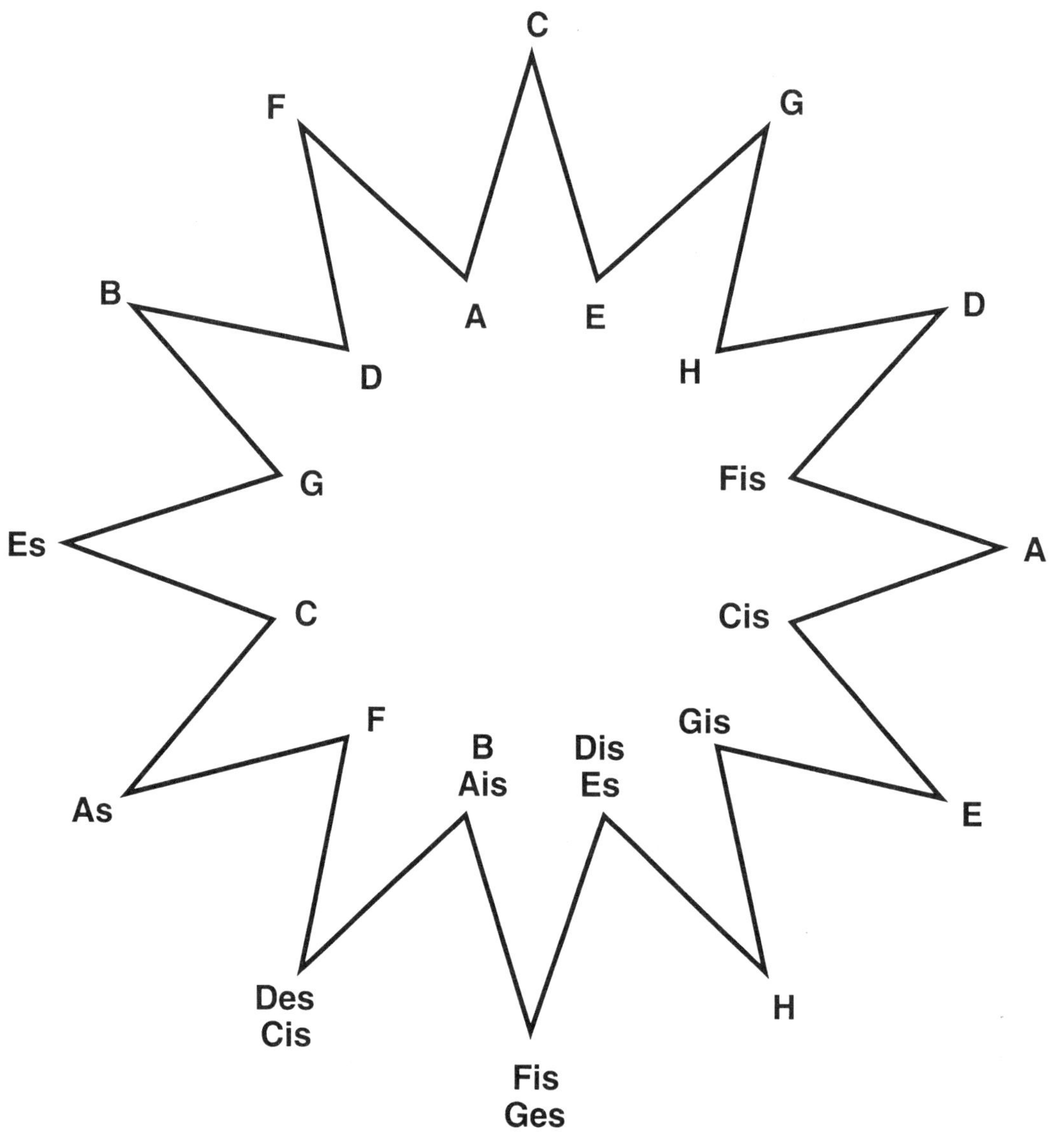

Verbinde mit verschiedenen Farben die Töne der Dreiklänge, die du spielen kannst!

Vivacetto! **88**

a Nun kannst du drei ganze Tonleitern spielen.

Benenne die Tonarten.
Spiele die Leitern zuerst langsam, dann schneller.
Lerne sie auswendig.

Tonart: ______________

Tonart: ______________

Tonart: ______________

Spiele die Tonleitern in folgenden Rhythmen:

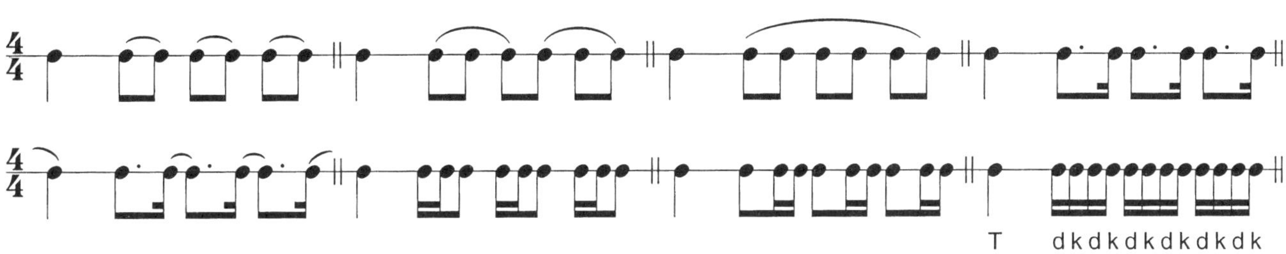

b Erinnerst du dich noch an Toni, Subi, Dante und Co. ?

Tonart: ______________

Dreiklänge: ______________

Stufe u. Namen: ______________

Tonart: ______________

c Spielt und geniesst den Klang dieser **Kadenz:**
(Die Dreiklänge wurden umgekehrt, damit es möglichst wenig Sprünge gibt.)

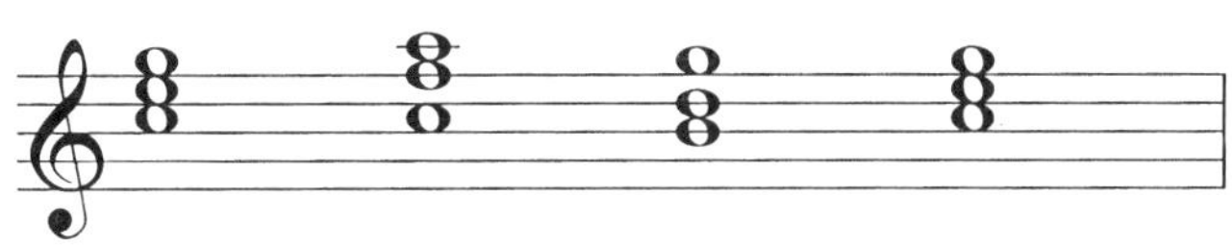

Stufe u. Namen: ______________

Vivacetto! 93

Spiele folgende Lieder nach Gehör:

Alle Vögel (f')
Chumm, mir wei go (f')
Der Kuckuck und der Esel (c'')
Es Buurebüebli (a')
Der Mond ist aufgegangen (f')
Die Gedanken sind frei (c'')
Dieses Haus (Rocky Docky (a')
Hänschen klein (c'')
Heute hier, morgen dort (c'')
Hört ihr die Drescher (f')
Hört ihr Herrn (f')
Ich kenne einen Cowboy (c'')
In San Juan (c')
Kookaburra (c'')
Kuckuck, kuckuck, rufts (c'')
Lustig ist das Zigeunerleben (c'')
Mein Hut der hat drei Ecken (c'')
Mir Senne heis luschtig (f')
Morning has broken (f')
Mus i denn (f')
Nun wollen wir singen (c'')
Oh when the Saints (f')
Singt ein Vogel (c'')
s Ramseyers (c'')
Summ, summ, summ (c'')
Und in dem Schneegebirge (f')
Viva la musica (g'')
Vom Aufgang der Sonne (f')"
Wenn die Sonne ihre Strahlen (c)
Wohlan die Zeit ist kommen (f')
Wer sitzt auf unsrer Mauer (c'')

Vivacetto! 104

a Artikuliere die Achtel bei 'Linnen Hall' verschiedenartig.

Zeichne bei den folgenden 6/8 - Takten verschiedene Möglichkeiten der Tongestaltung ein!
Verwende dazu Artikulationszeichen und Artikulationssilben, wenn du willst auch Bindebögen.

b Wie wärs wieder einmal mit einem Notendiktat? Urs diktiert die Tonhöhe und den Notenwert.
Bsp: "Schreibt ein c", es soll eine Achtelnote sein." usw.
Schreibt die Noten in beide Notenlinien (Klangnotation und chorische Notation)!
Wer spielt das Diktat vor?

Vivacetto! **106**

Übungen zur Fingergeläufigkeit

Du kannst auch jeden Takt zweimal hintereinander spielen, das zweite Mal anders artikuliert oder anders im Rhythums.

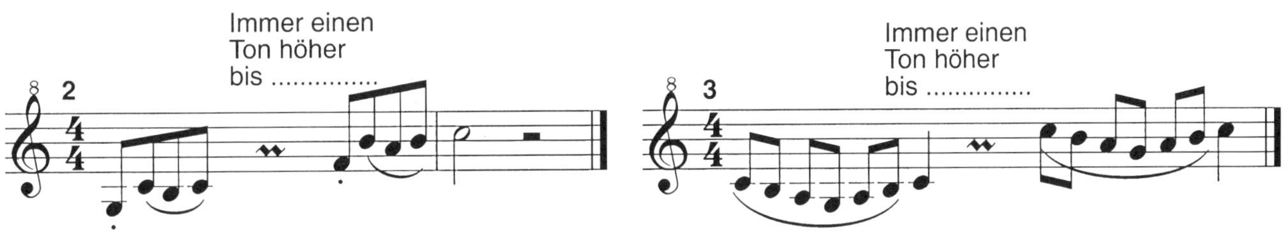

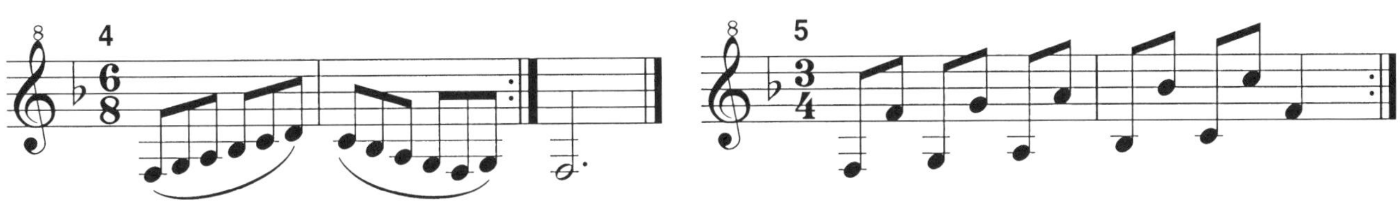

Vivacetto! **108**

Lieder, die du jetzt spielen kannst:

Fast alle Lieder bei Vivacetto! ***68***, beginne eine Quarte höher. Dazu:

De Hans im Schnäggeloch (c'')
Det änen am Bergli (c'')
Die Vögel wollten Hochzeit ((a'')
Es wott es Frauel zMärit gaa (c'')
Heut ist ein Fest (c'')
Kein schöner Land (c'')

Kommt und lasst uns (c''')
Mir Senne heis luschtig (F')
Oh when the saints (f'')
She was coming (singing I I jupi ..(c'')
Sur le pont (f'')
Wir sind zwei Musikanten (c'')

Vivacetto! **110**

Tonart: ____________

a 

Akkorde: ____________ ____________ ____________ ____________

Tonart: ____________

b 

Akkorde: ____________ ____________ ____________ ____________

Tonart: ____________ (Für alle, die bei Nr. 85 fis'' schon kennengelernt haben)

c 

Akkorde: ____________ ____________ ____________ ____________

Tonart: ____________

d 

Tonart: ____________

e 

Tonart: ____________

f 

Tonart: ____________

g 

 Kopieren? Siehe Seite 2.

Vivacetto! 114

a Lieder, die du jetzt nach Gehör spielen kannst:

Alle Lieder bei Vivacetto! 52, aber beginne eine Quarte höher.

Dazu folgende:

Chumm, mir wei go Chrieseli (f'')
Der Kuckuck und der Esel (d''')
Der Mond ist aufgegangen (f'')
Heute hier, morgen dort (g'')
Hüaho alter Schimmel (c'')
Ich kenne einen Cowboy (c''')
In San Juan auf Puorte Rico (g'')
Lustig ist das Zigeunerleben (g'')

Kuckuck, Kuckuck, rufts (d''')
Mein Hut der hat (c''')
Morning has broken (c'')
Nun wollen wir singen (c''')
O when the saints (g'')
Summ, summ, summ, (d''')
Wenn der Frühling kommt (g'')
Wir sind zwei Musikanten (d'')

b Spiele Antworten zu folgenden Fragen! Kannst du sie auch aufschreiben?

Ende deine Antwort auf dem Grundton der Tonart.

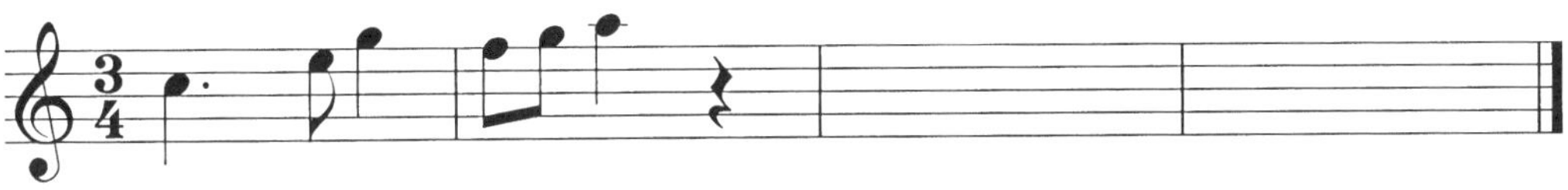

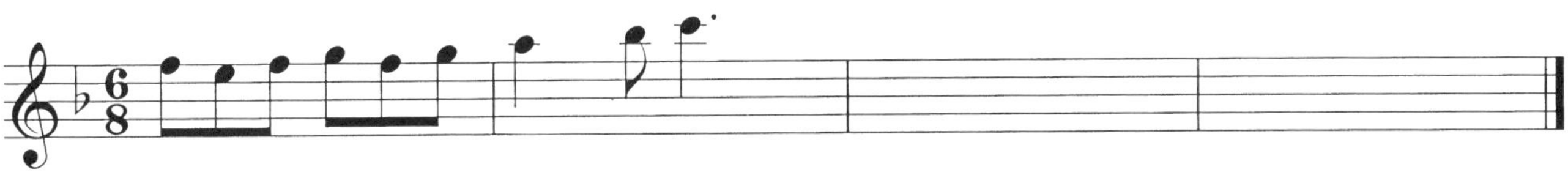

Vivacetto! 117

Luegid vo Bärge und Tal wird oft das Lied von Heidi genannt.
Hier die weiteren Strophen:

2. Luegid, do aben a See
heimetzue wendet sis Veh!
Losid, wie d'Glogge, die schöne,
fründlig im Moos üs ertöne!
Chüerglüt, üseri Luscht,
tuet is so wohl i der Bruscht!
Tuet is so wohl i der Bruscht!

3. Still, a de Bärge wirds Nacht;
aber der Herrgott, dä wacht.
Gsehnder sälb Stärnli dört schine?
Stärnli, wie bist du so frine!
Gsehnder, am Näbel dört stohts.
Stärndli, Gott grüess di! Wie gohts?
Stärndli, Gott grüess di! Wie gohts?

4. Losid, es seit is: "Gar guet!
Het mi nid Gott i dr Huet?
Frili, der Vatter vo alle
loht mi gwüss währli nid falle:
Vatter im Himmel dä wacht!"
Stärnli, liebs Stärnli, guet Nacht!
Stärnli, liebs Stärnli, guet Nacht!

J. A. Henne (1798-1870)

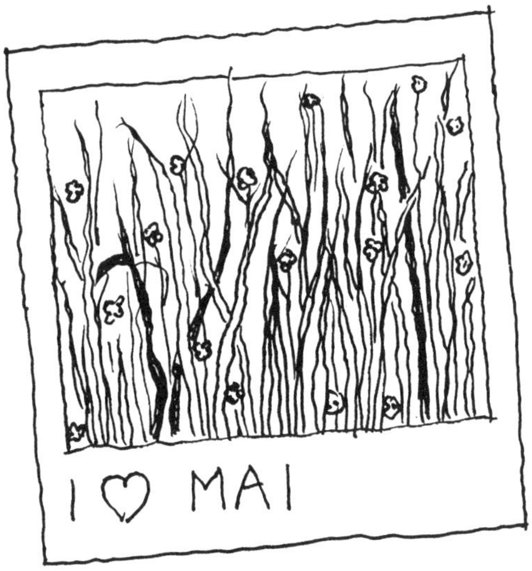

Vivacetto! **118**

Das Lied **Ich gehe über Berg und Tal** wird oft auch mit **'Ob Mai, ob Sonnenwende'** überschrieben.

2. Im grünen Feld, im hellen Grund
stehn Halme ohne End;
die tragen Blümlein kleine,
die werden Körnlein feine
wohl um die Sonnenwend.

3. Es geht ein Bächlein nieder
zum Tal von Waldeshöh;
muss treiben manche Mühle,
muss tränken Fischlein viele
und wird ein stiller See.

4. Ach mein vielliebes Herze,
das hast du nicht gewusst,
als du im Mai gesungen
und dir ein Glück gelungen,
dass du auch leiden musst!

5. In Leiden und in Freuden,
mein Herz, gib dich darein!
Ob Mai, ob Sonnenwende,
mein Weg soll ohne Ende
ein Sonnenwandern sein!

Die Modulation

(das Musikstück geht in eine andere Tonart und wieder zurück)

"Kennst du mich noch? Ich bin Dante, der Dreiklang auf der Dominante."

Ehrlich gesagt, manchmal bin ich eifersüchtig auf Toni, ich möchte auch einmal der Boss sein und so viel am Ball wie er. Und denk dir, das kann wahr werden, jawohl! Für eine Weile bin ich dann der Star, ich bin genau wie Toni der Boss der Mannschaft und habe meinen eigenen Dominantseptakkord, der mir immer die Bälle zuspielt. Ich rufe ihn einfach aufs Feld und schon bewegen wir uns in meiner Tonart. Sobald mein neuer Freund da ist, sagen die Zuschauer: "Aha, jetzt kommt eine Modulation!" Mein Freund mit der 7 muss zwar meistens bald wieder gehen, aber immerhin kann ich für eine kurze Zeit meine Fähigkeiten so richtig zeigen."

a Das Lied 'Ich gehe über Berg und Tal' geht für knapp zwei Takte in die Tonart der Dominante. Siehst du wo? Das Versetzungszeichen kann dir helfen....

In welcher Tonart steht das Lied?________________

Wie heisst der Dreiklang auf der Dominante? ________________

In welche Tonart 'verreist' das Lied? ________________

Wie heisst der Dominantseptakkord, der die neue Tonart ankündigt?____________________

Der Quintenzirkel auf der nächsten Seite hilft dir, die Modulation besser zu verstehen.

Der Quintenzirkel

Die Dominante ist der Nachbar im Uhrzeigersinn, die Subdominante im Gegenuhrzeigersinn.

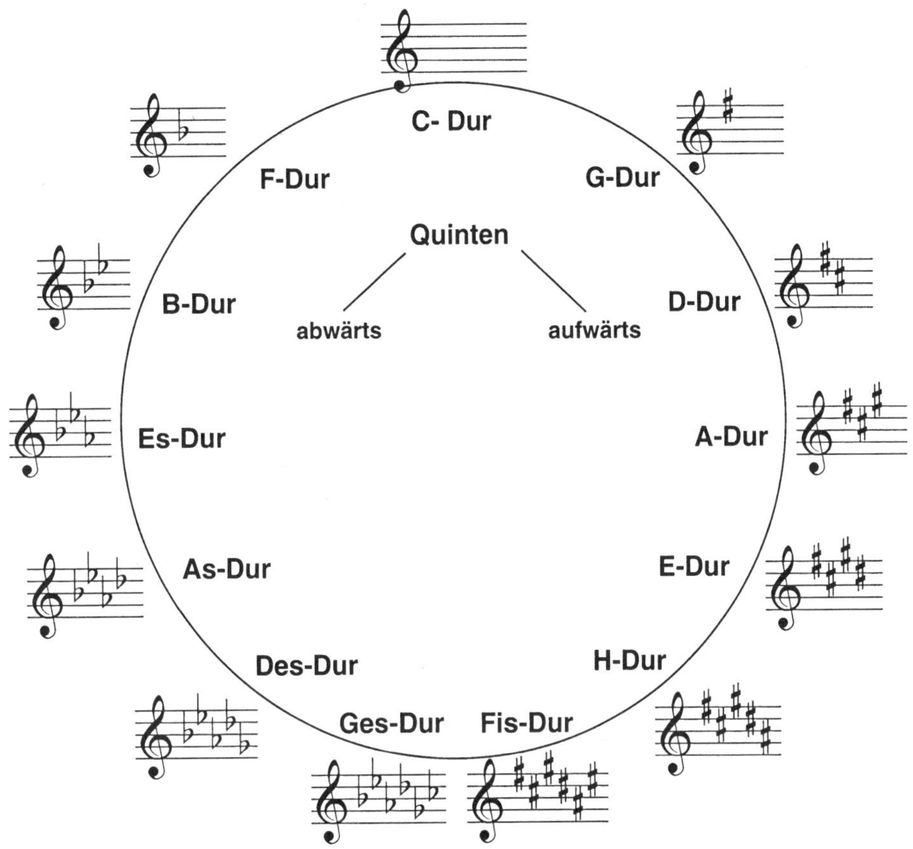

enharmonische Verwechslung

Die häufigste Modulation ist diejenige in die Tonart der Dominante (nächste Tonart im Uhrzeigersinn). Die übernächste Tonart (die Dominante der Dominante) läutet als Septimakkord die Modulation ein.

Es gibt auch Modulationen in die Subdominante und in die parallele Moll- oder Dur -Tonart.

a Suche in einem Singbuch folgende Lieder: Komm lieber Mai und mache / Bunt sind schon die Wälder / O du fröhliche / Einigkeit und Recht und Freiheit / Ein Mann, der sich Kolumbus nennt / (es gibt noch mehr). Kannst du sehen (an den Versetzungszeichen oder Akkordangaben) wo die Modulation beginnt und wo sie endet? Oder hörst du es, wenn du das Lied singst und deine Lehrperson dich begleitet?

So kannst du dir die Kreuztonarten merken:

Geh **D**u **A**lter **E**sel **H**ole **Fis**che!

Und so die B-Tonarten:

Frieda, **B**erta, **Es**ther, **As**sen **Des**sert **Ges**tern.

Kopieren? Siehe Seite 2.

Vivacetto! 121

Asparagus hat viele Synkopen. Diese machen das Stück reizvoll, aber auch rhythmisch nicht eher schwierig. Erfinde zu den rhythmischen Mustern, die sich ja immer wiederholen, Texte und schreibe sie unter die Noten.

Wenn du die 2. Stimme spielst und diese nicht immer den gleichen Rhythmus hat wie die erste, denkst du dir den Text mit und merkst dir, auf welche Silbe du deine Töne spielen musst.

Beispiel:

Vivacetto! 123

Die zweite und dritte Strophe des Liedes von **Katjuscha** heissen:

2. Schwing, mein Lied, dich fernhin über Felder,
flieg der Sonne nach am Horizont.
Schweb' zum Liebsten und bring ihm meine Grüsse,
sag ihm, dass ich seiner stets gedenk!

3. Sag ihm, meiner soll er auch gedenken,
meiner Stimme, meines Heimatlieds!
Bring die Liebe, die ich im Herzen trage,
bring sie ihm, so treu wie ich sie fühl!

Erfinde ein Vorspiel
zu diesem Lied und auch zu anderen Liedern.

Einige Tipps:

- Meistens sind 4 Takte als Vorspiel eine gute Zahl.
- Verbinde die ersten zwei mit den letzten zwei Takten des Liedes. Einfach - und klingt gut, nicht wahr?
- Oder erfinde eine dem Lied ähnliche Melodie, 'lande' aber zum Schluss auf dem Grundton der Tonart.

Vivacetto! 126

Guantanamera ist ein altes kubanisches Volkslied. Der Nationaldichter José Marti wird in ganz Lateinamerika als Symbol der Freiheit verehrt. Er wurde 1853 in Havanna geboren. Ein Jahr nachdem er sich der revolutionären Bewegung gegen die Spanier angeschlossen hatte, wurde er des Landes verwiesen. Er lernte Rechtsanwalt und Journalist, dichtete aber weiterhin für sein Volk. Während der kubanischen Revolution kam er 1895 ums Leben.

Übersetzung: Mädchen aus Guantamo, ich bin ein aufrichtiger Mann aus dem Land der Palmen. Bevor ich sterbe, will ich ein Lied singen, das aus dem Herzen kommt. (2. Strophe): Mit allen Armen werfe ich mein Glück von mir; lieber als das Meer ist mir der Bach, der aus den Bergen fliesst.

Vivacetto! **129**

Tonart: ______________ Tonart: ______________

a
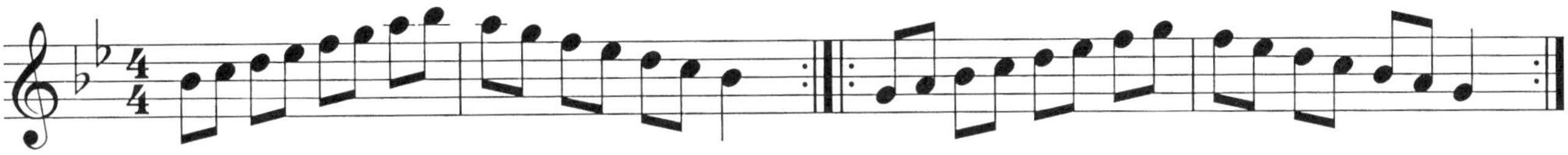

Benenne dieTöne : ____

b

Benenne dieTöne : ____

Schreibe selber eine phantasievolle B-Dur Tonleiter:

c
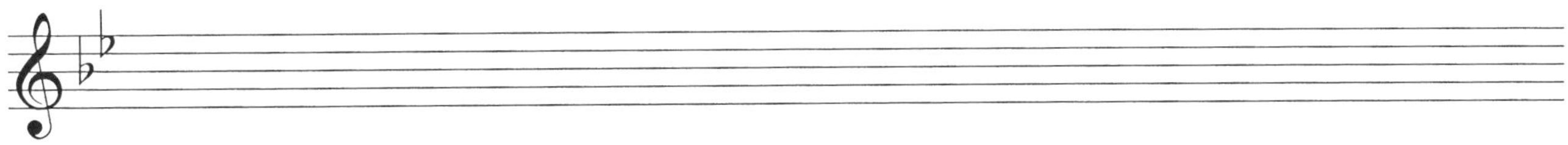

Tonart: ______________

d

Benenne dieTöne : ____

Tonart: ______________

e

Improvisiere eine Melodie in B-Dur und schreibe sie auf.

f
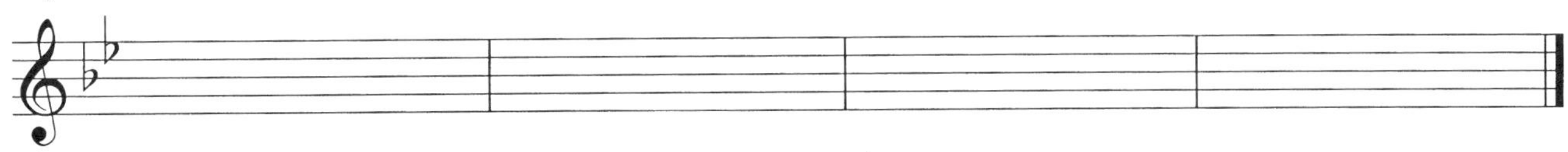

Schreibe diese Melodie zu Ende:

g

Ergänze diese Melodie:

h

Vivacetto! 131

a Die weiteren Strophen:

2. Er kam zum Fährmann:
"Ich fahr euch nicht, Gevattersmann,
gebt ihr mir nicht aus jeder Kist
ein Stück von dem, was drinnen ist."
He, Fährmann, he, he ,he, holla he.

3. "Ja", sprach der Fuhrmann.
Und als sie kamen drüben an,
da öffnet er die Kist'n geschwind,
da war nichts drin als lauter Wind.
He, Fuhrmann, he, he, he, holla he.

b Spiele die Lieder von Vivacetto! 68 und 84 einen Ton tiefer

Vivacetto! 136

a Worin besteht der Unterschied zwischen einer reinen und einer harmonischen Molltonleiter? (Siehe Seite 11.)

____

In welcher Tonart stehen alle Stücke auf der Seite 74? __________ Rein oder harmonisch? __________

Schreibe eine harmonische g-Moll Tonleiter hinauf und hinunter und spiele sie.
(Vorzeichen und Takt nicht vergessen.)

b Schreibe eine Melodie in g-Moll, 8 Takte lang! Du darst nur Viertelnoten und Halbe verwenden.

So kannst du vorgehen:
1. Wähle eine Taktart und zähle ein paar Takte voraus!
2. Spiele nun frei von g aus kurze Melodien. Schreibe diejenige auf, die dir gefällt.
3. Spiele was du aufgeschrieben hast und führe die Melodie weiter. Schreibe auf, was dir gefällt usw.

c Verändere deine Melodie rhythmisch und spiele sie als: Lied der Schnecke
Melodie des Clowns
Rennfahrerboogie
Walzer
____

Mache eine Zeichnung dazu.

Vivacetto! 140

Una Mattina ist ein Lied der Widerstandskämpfer Italiens im 2. Weltkrieg. Das ist der Inhalt der sechs Strophen:

An einem Morgen in aller Frühe - o bella ciao (jede Strophe gleich: Ade Schönste) - da trafen wir den Invasor. Ihr Partisanen, nehmt mich mit euch, auch wenn ich weiss, es ist mein Tod. Wenn ich als Partisane sterbe, begrabt mich oben in meinen Bergen und pflanzt eine Blume auf mein Grab. Diese wird allen Leuten sagen, dass hier ein Partisane für die Freiheit aller starb.

Vivacetto! 141

Im Lied **The keys of Canterbury** verspricht der Liebhaber seiner 'Madam' die Schlüssel von Canterbury (engl. Stadt in der Grafschaft Kent), wenn sie ihn heiratet, aber ohne Erfolg. Auch eine goldene Glocke will sie nicht. Erst als er ihr ein seidenes Spitzenkleid verspricht, willigt sie ein, seine Frau zu werden.

a Spiele die Lieder in der linken Kolonne bei Vivacetto! **68** und beginne eine Quinte höher.

Du kannst auch die Lieder bei Vivacetto! **93** in G-Dur spielen, wenn du einen Ton höher beginnst.

b Spiele G-Dur-Tonleitern in verschiedenen Rhythmen hinauf und hinunter.

c Spiele auswendig:

Vivacetto! 142

a Now is the Month of Maying ist ein Lied vom Frühling, von Tanz und fröhlichen jungen Leuten.

In welcher Tonart steht das Lied? ______________

Nach welcher Tonart moduliert es in Takt 9 und 10? __________

Nach welcher Tonart moduliert es in Takt 11 und 12? __________

Schau auf dem Quintenzirkel (Seite 53), wo diese Tonarten liegen.

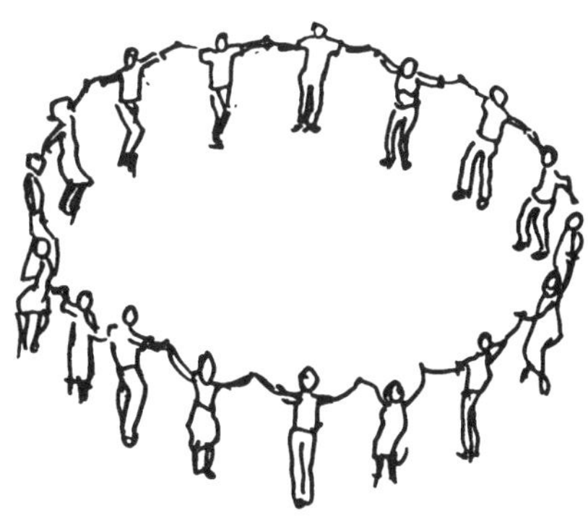

Vivacetto! **146**

Weisst du noch, was ein **Intervall** ist? Es ist der Zwischenraum oder der Abstand zwischen zwei Tönen.

Einfache 2. Stimmen verlaufen im **Terzabstand** zur Hauptstimme:

Terzsprünge kennst du von den Dreiklängen: Tonleiter mit Terzsprüngen:

a Schau Seite 9 genau an und schreibe dann zu den angegebenen Tönen die Intervalle hinauf oder hinunter.

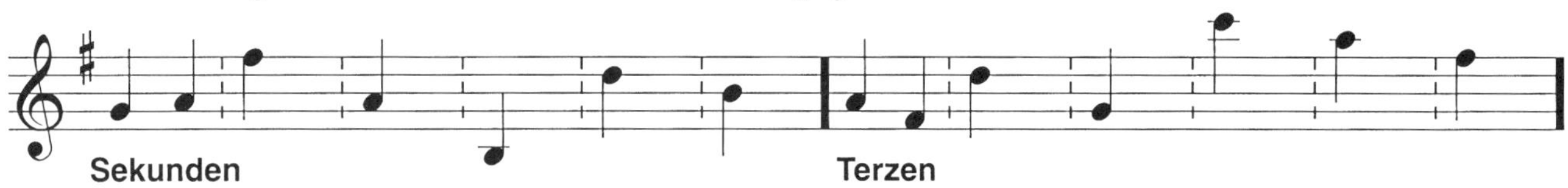

Sekunden **Terzen**

Quarten **Quinten**

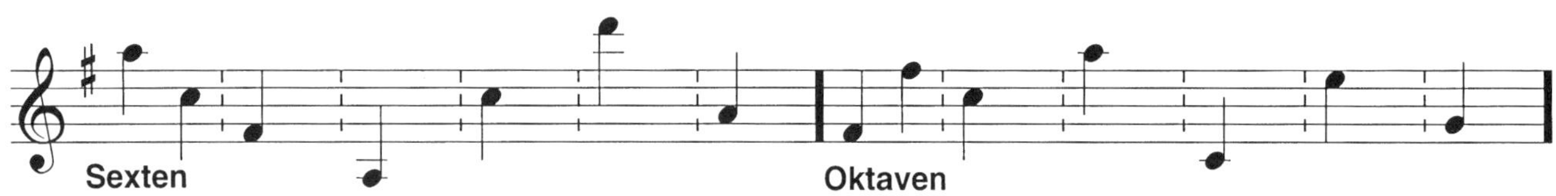

Sexten **Oktaven**

b Suche im Allegro (Nr. 146) folgende Intervallsprünge und schreibe die Taktzahl auf, wo du sie gefunden hast.
Geht der Intervallsprung über einen Taktstrich, dann notiere es so: 8/9.
Suche von jedem Intervall mindestens 5. Wer findet am meisten?

Terzen: ______________________________

Quarten: ______________________________

Quinten: ______________________________

Sexten: ______________________________

Septimen: (es gibt nur eine!) ______________________________

Oktaven: ______________________________

Kopieren? Siehe Seite 2.

Vivacetto! 147

Der Text zu diesem Volkslied stammt
von Johann Wolfgang Goethe:

2. Im Schatten sah ich ein Blümlein stehn,
wie Sterne leuchtend, wie Äuglein schön.

3. Ich wollt es brechen, da sagt es fein:
Soll ich zum Welken gebrochen sein?

4. Ich grubs mit allen den Würzlein aus,
zum Garten trug ichs am hübschen Haus.

5. Und pflanzt es wieder am stillen Ort;
nun zweigt es immer und blüht so fort.

Vivacetto! 151

Suche Stellen, wo die erste und zweite, oder die erste und dritte Stimme im Quintabstand klingen. Spielt nur diese Quinten. Könnt ihr den Differenzton hören (siehe Seite 13)? Klingt das Intervall rein?

Spielt **Air** ganz langsam und achtet auf die Intonation.

Vivacetto! 154

Die weiteren Strophen zu **Drei Zigeuner** heissen:

2. Hielt der eine für sich allein
in den Händen die Fiedel,
spielte umglüht vom Abendschein
sich ein feuriges Liedel.

3. Hielt der zweite die Pfeife im Mund,
blickte nach seinem Rauche,
als ob er vom Erdenrund
nichts zum Glücke mehr brauche.

4. Und der dritte behaglich schlief,
und sein Cimbal am Baum hing,
über die Saiten ein Windhauch strich,
über sein Herze ein Traum ging.

5. An den Kleidern trugen die drei
Löcher und bunte Flicken,
aber sie boten trotzig und frei
Spott den Erdengeschicken.

6. Nach den Zigeunern lange noch schaun
musst ich im Weiterfahren,
nach den Gesichtern dunkelbraun,
nach den schwarzlockigen Haaren.

Nikolaus Lenau (1802-1850)

Vivacetto! 156

Jetzt kannst du viele **Lieder** in D-Dur spielen:

Alle Lieder bei Vivacetto! **68**, beginne einen Ton höher.
Alle Lieder bei Vivacetto! **84**, beginne einen Ton höher. Wähle die Lieder aus, bei denen ein Cis vorkommt.
Alle Lieder bei Vivacetto! **108**, beginne zwei Töne (1 1/2 Tonschritte) tiefer. Wähle die Lieder aus, bei denen ein Cis vorkommt. Ein Lied kannst du nicht spielen, weil es zu tief wird.

Vivacetto! **159**

a D-Dur-Tonleitern

1. Spiele mehrmals hintereinander, immer wieder mit einem andern Rhythmus:

2.

3.

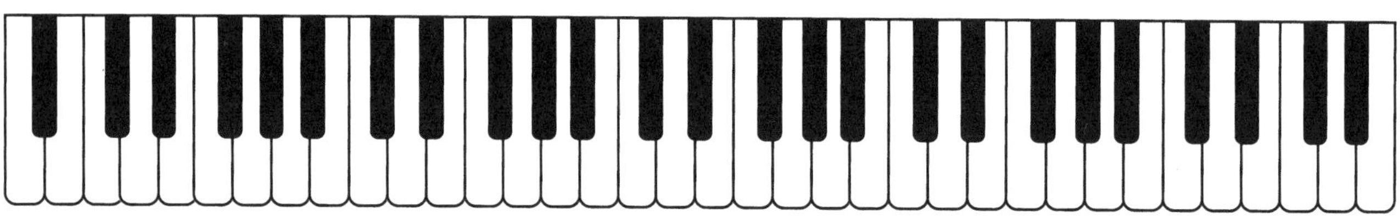

b Beantworte folgende Fragen zu dieser Klaviertastatur (ein richtiges Klavier hat 16 weisse Tasten mehr):

1. Wie viele A sind sichtbar? _______ Wie viele E? ________ G? ________ B? ________
2. Wie heisst der tiefste sichtbare Ton? _______ Wie heisst der höchste? ___________
3. Die vier Saiten der Geige sind in Quintabständen gestimmt. Die unterste ist ein G.
   Wie heissen die andern?________________
4. Gehe von oben in Terzschritten die Tastatur hinunter. Wie heissen die Töne? ______________________
   ____
5. Gehe in Quintschritten vom tiefsten C aus hinauf. Wie heissen die Töne? __________________
6. Gehe in Quartschritten vom obersten D hinunter. Die Töne heissen ______________________
7. Wie viele Halbtonschritte hat es in einer Oktave? ______________________
8. Wie oft kann man den tiefsten Ton in einer andern Oktave spielen?__________
9. Wie viele Töne auf dieser Tastatur gehören zum C-Dur Dreiklang? ______ Wie viele zum F-Dur? ______
10. Die schwarzen Tasten haben zwei Namen. Wie heissen sie in einer Oktave? ________________
    ____

Vivacetto! **163**

Wir vertonen ein Gedicht

Fortuna lächelt, doch sie mag
nur ungern uns beglücken;
schenkt sie uns einen Sommertag,
so schenkt sie uns auch Mücken.
Wilhelm Busch

Ich wünsche dir eine vergnügliche Reise,
der Zug fahre pünktlich, der Sitz sei bequem.
Der Wagen roll' unmerklich übers Geleise,
die Aussicht sei blendend, die Leute genehm.

Willst du immer weiter schweifen?
Sieh, das Gute liegt so nah.
Lerne nur das Glück ergreifen,
denn das Glück ist immer da.
Johann Wolfgang von Goethe

Wer reisen will, der schweigt fein still,
nehm wenig mit, geh steten Schritt,
steh frühe auf am Morgen
und lass' daheim die Sorgen.
Johann Michael Moscherosch

MIT RECHT ERSCHEINT UNS DAS KLAVIER,
WENN'S SCHÖN POLIERT, ALS ZIMMERZIER.
OB'S AUSSERDEM GENUSS VERSCHAFFT,
BLEIBT HIN UND WIEDER ZWEIFELHAFT.
WILHELM BUSCH

Nicht allein das ABC
bringt den Menschen in die Höh',
sondern auch der Weisheit Lehren
muss man mit Vergnügen hören.
Wilhelm Busch

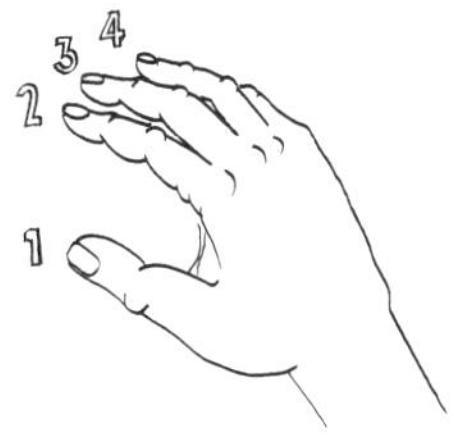

Wähle eines der Gedichte (oder sonst einen Vierzeiler) und bestimme die Taktart, in der du die Melodie schreiben willst. Dabei kannst du so vorgehen: Schlage mit den Fingern der rechten Hand auf den Tisch: **1**, 2, 3, 4, **1**, 2, 3, 4 ... und sprich das Gedicht dazu. Wenn der Viertakt nicht geht, versuche den Dreitakt: **1**, 2, 3, **1**, 2, 3 .... Hat es einen Auftakt?

Vielleicht gehen beide Taktarten, wenn du gewisse Silben in die Länge ziehst beim Sprechen.

Unterstreiche die betonten Silben. Sie sind am Taktanfang.

Schreibe dein Gedicht auf die gestrichelte Linie und schreibe den Rhythmus über die einzelnen Silben auf die Linie darüber (wahrscheinlich nur in ♩, 𝅗𝅥 und 𝄽). Jetzt hast du einen Rap. Setze die Taktstriche ein, gib die Taktart an.

Bedenke für die Melodie:

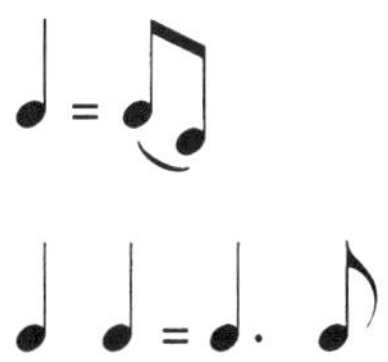

Wähle nun die Tonart. Spiele die Tonleiter dazu auf und ab. Improvisiere eine Melodie zur ersten Zeile. Schreibe auf, was dir gefällt. Gib dem Lied eine Form, z. Bsp. ABAC.

Zeitgenössische Musik

Hast du die Geschichte der Blockflöte in ***Vivace*** auf Seite 5 gelesen? In der 2. Hälfte des 20. Jahrhunderts begann man, auf der Blockflöte zu experimentieren und ihr ganz neue Klänge zu entlocken. Einige der neuen Techniken beschreibe ich dir jetzt genauer.

Lautstärke (Dynamik)

Lies was auf Seite 9 unten steht und fülle diesen Lückentext aus:

Pascal sagt zur Lehrerin: "Diese Stelle gefällt mir so gut, da möchte ich ganz laut spielen. "Gut," meint Frau Dähler, "aber wenn du stärker bläst, klingt es ____________________ . Du kannst deine Lieblingsstelle trotzdem laut spielen, nur müssen wir für die Töne Griffe suchen, die ganz wenig ____________ klingen als der Normalgriff. Du kannst versuchen, ein ____________________ Loch ganz zu schliessen oder ein benachbartes Loch leicht zu ____________________ ."

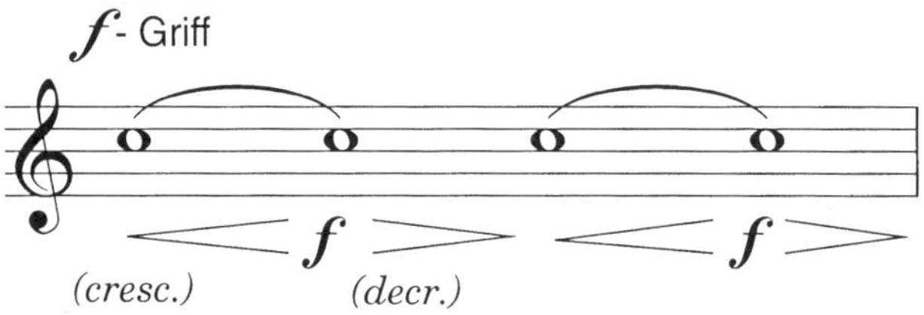

Pascal sucht einen etwas tieferen Griff für c".
Tue es auch: Blase immer stärker und

1. bedecke langsam die untersten zwei Löcher oder
2. bedecke ganz leicht von der Seite her das Loch des rechten Zeigefingers.

Bleibt die Tonhöhe wirklich gleich?

"Die letzten zwei Töne spiele ich ganz leise," sagt Pascal. Und was antwortet die Lehrerin wohl?

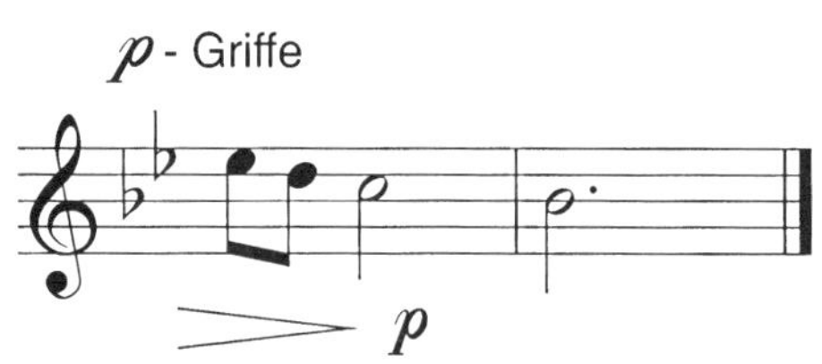

"Gut, aber beim c" musst du ...(schreibe weiter)

____

____

und beim b' (Gabelgriff) kannst du einfach ____

____

Beim Suchen nach Piano- und Fortegriffe (siehe auch S. 81) kann dir auch folgende Technik helfen:

Ganzes oder halbes Schliessen der Ausblasöffnung auf dem Oberschenkel

Schliesse langsam das Ausblasloch bei folgenden Tönen (ganz oder nur teilweise)! Wird der Ton bei gleichbleibendem Blasdruck höher oder tiefer?

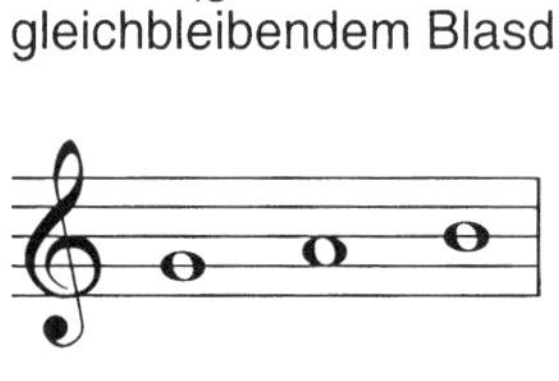

____

____

Deine Flöte spielt übrigens **viel tiefer**, als du glaubst. Decke die Ausblasöffnung möglichst dicht auf dem Oberschenkel ab, schliesse alle Löcher und spiele leise! Dein Instrument klingt nochmals eine Quinte tiefer.

(Wenn es nicht geht, könnte das am Stoff deiner Hose liegen. Bitte jemanden, das Ausblasloch mit dem Finger ganz dicht zu schliessen.)

Das schönste Pianissimo - Flageoletttöne

Den leisesten Ton, das absolut schönste Pianissimo erreichst du mit dem so genannten Flageoletton. Er funktioniert am besten mit den Tönen c" bis f". Wenn du einen dieser Töne spielst und immer weniger bläst, sinkt der Ton bis zu einem leisen Murmeln. Wenn du jetzt aber noch weniger bläst, erscheint ER allein! Der Flageoletton klingt wie eine Glasharfe, ganz leise und entfernt! (Es erklingt genau der Ton, den du greifst.)

Eine weitere Art, Flageolettöne zu spielen (das künstliche Flageolett):
Willst du Töne der unteren Oktave (g' bis f") als Flageoletttöne spielen, dann greife einen Ton tiefer, blase wenig und öffne das Daumenloch nur so viel, bis du die gewünschte Tonhöhe erreicht hast.

Bedecken des Labiums verändert die Lautstärke und die Tonhöhe

Wenn du nur die linke Hand zum Spielen brauchst, kannst du mit der rechten am Labium 'manipulieren'.

Lege bei jedem Ton einen Finger langsam und flach über das Fenster (siehe Seite 4). Du kannst auch das ganze Labium langsam mit der Hand umschliessen.

Beschreibe wie es klingt: Der Ton wird immer ___________ , bis er verschwindet. Er wird aber auch ________ .
Am Schluss hört man nur noch ein leises Rauschen.

Hohe Töne durch Bedecken des Labiums

Indem du die Hand locker über das Labium legst, kannst du je nach Blasdruck sehr hohe Töne spielen. Du wirst jedoch kaum eine vorbestimmte Tonhöhe treffen. Je nach Grösse des Raums, der zwischen Handfläche oder Finger und dem Labium entsteht, ändern sich die Tonhöhe und der Klang sehr.

Bewege die Hand und versuche auf diese Art **Vogelstimmen** nachzuahmen. Wenn du teilweise die Flatterzunge (siehe Seite 68) noch dazu nimmst, denken deine Nachbarn sicher, du hättest ein gefiedertes Haustier!

Klangfarben

Sicher hast du gemerkt, dass sich bei der Manipulation am Labium auch die Klangfarben verändern. Dasselbe kannst du mit Alternativgriffen (z.B. Piano- und Fortegriffe) erreichen. Wenn in einem Musikstück für bestimmte Töne eine andere Klangfarbe verlangt wird, musst du Alternativgriffe suchen, die genau gleich hoch klingen wie der Normalgriff.

Improvisiere ein kurzes Gespräch zwischen zwei Freunden, von denen der eine heiser ist! Schreibe auf, was sie sprechen und spiele es dann.

Verschiedene Klangfarben bei gleicher Tonhöhe (anderer Griff plus Labium)

1. Forte - Piano

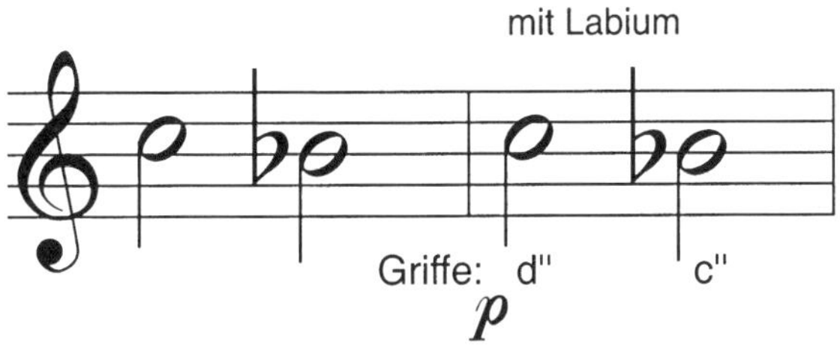

2. Bei gleichbleibender Lautstärke

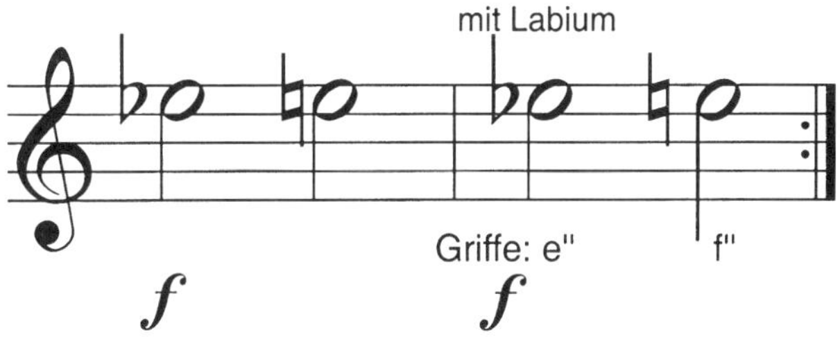

Male die Noten mit der Farbe an, die für dich zum Klang passt. Erkläre, warum du welche Farbe gewählt hast. Vergleiche mit den andern.

Mit deiner Blockflöte kannst du jede beliebige Tonhöhe spielen

Ist das nicht phantastisch? Das kann zum Beispiel die Querflöte oder die Klarinette nicht so gut, weil diese Instrumente Klappen haben. Wir Blockflötenspieler spüren die Löcher, können sie wenig, halb oder ganz öffnen. Wir können sogar Glissandi spielen, fast so, wie wir sie von Posaunen hören.

Glissando

Beim Glissando gleiten die Töne wie ein Lift nach oben und unten. Wie immer du ein Glissando machst, es sollte keine Ecken haben.

Ein kleines Glissando hast du bereits gespielt, **indem du das Labium gedeckt und wieder geöffnet hast**. Auch mit mehr oder weniger **Blasdruck wird der Ton stufenlos höher und tiefer.** Wenn du beides kombinierst, kannst du ein Glissando über eine ganze Tonstufe erreichen.

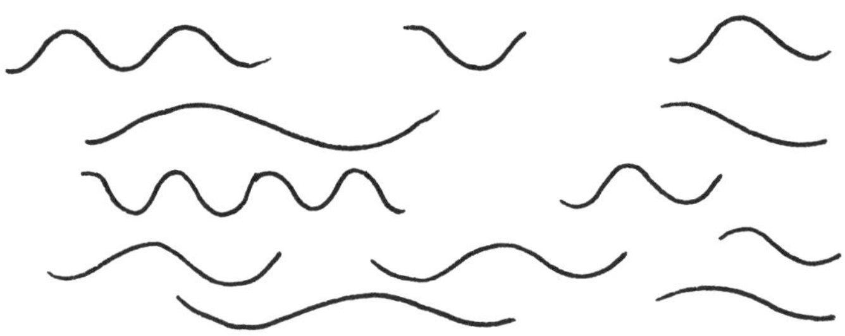

Wölfe heulen:
Veranstaltet ein Riesengeheule: Jeder wählt einen Ton und 'heult', indem er das Labium öffnet und schliesst, in der Höhe mehr Luft gibt und dann wieder weniger. 'Heule' laut, leise, schnell, langsam und mache auch mal Pause.... Manchmal hört man nur eine Stimme, vielleicht zwei, dann wieder alle. Achtet aufeinander, vielleicht ist auch einmal Stille. Am Schluss klingt das Geheule aus.

Am einfachsten geht ein Glissando natürlich **mit dem blossen Kopfstück nach dem Prinzip der Lotusflöte**. Schiebe den Finger im Rohr hin und her. Du kannst auch mit der Handfläche das Loch öffnen und schliessen.

Indianer im Sturm:
'Spiele' den Sturm so: Glissandi mit dem Kopfstück. Wenn du dazu noch das Labium öffnest und schliesst, hört man genau, wie der Wind über die Steppe pfeift. Zwischendurch rufen die Indianer: "Uauauauaua ..." Öffne und schliesse das Loch mit der Handfläche Achtung! Halte die Flöte fest mit den Lippen, damit du sie nicht an die Zähne schlägst.

Irene liest die Worte des Liedes: **"Der Wind schleicht wie ein Räubersmann"** (zwei Strophen):

Du spielst dazu Hintergrundgeräusche und illustrierst den Text in den Pausen, die Irene für dich macht:
Wind in verschiedenen Stärken, wie es im Lied vorkommt - Schlaflied - Traummelodie ....

Machst du eine Zeichnung dazu?

Meistens wirst du zwei bestimmte Töne miteinander verbinden wollen.
Beim **Fingerglissando** hinauf bewegst du die Finger so (hinunter geht es umgekehrt):

1. Du ziehst die Hand seitlich hinauf und die Finger gleiten wie auf einer Ebene von den Löchern weg. So öffnest du von unten her eines nach dem andern.

2. Du drehst die Hand nach hinten und rollst die Finger von unten beginnend von den Löchern. Dabei schiebst du sie leicht nach vorn, so dass am Schluss nur noch das mittlere Fingerglied die Flöte berührt. Es bewegen sich alle Finger gleichzeitig, aber einer um den andern gibt das Loch ganz frei.

3. Du rollst die Finger gegen den Flötenkopf oder das Fussstück. Es bewegen sich alle Finger ..... (wie 2.)

Gabelgriffe sollst du weglassen. Wenn du zuerst kraftvoll in die Löcher drückst und anschliessend die Finger ganz entspannst - dann machen die alles von selber!

Versuche diese Glissandi stufenlos zu spielen:

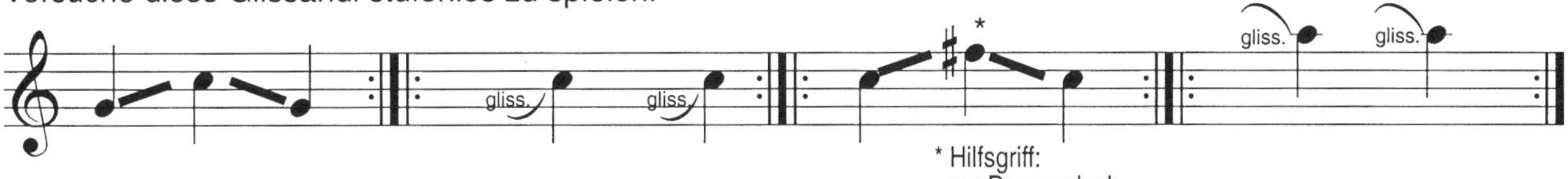

* Hilfsgriff:
nur Daumenloch
schliessen.

1. **Ein Zug fährt vorbei:**

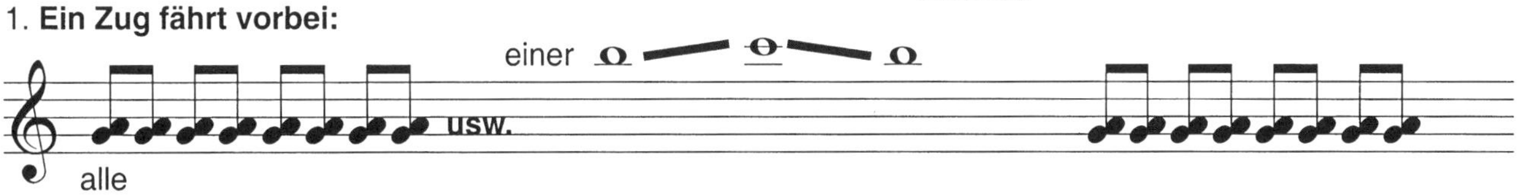

2. 'Sprich' (auf der Flöte) mit deiner Mieze und Martin spielt die Antworten der Katze.

Vierteltöne

Da wir mit der Blockflöte jede beliebige Tonhöhe spielen können, sind wir nicht an die herkömmlichen Tonleitern mit den üblichen Ganz- und Halbtonschritten gebunden. In der zeitgenössischen Musik kommen auch Vierteltonschritte vor. Das heisst, dass zum Beispiel zwischen Fis und G noch ein Ton sitzt. Kannst du dir das vorstellen? Beim Klavier würde das heissen, dass zwischen der schwarzen Taste Fis und der angrenzenden weissen Taste G noch eine Taste wäre!
Diese Vierteltöne haben keine Namen und wir können sie nicht ohne spezielle Bezeichnung in unserem Notensystem aufschreiben. Man macht nun folgendes:

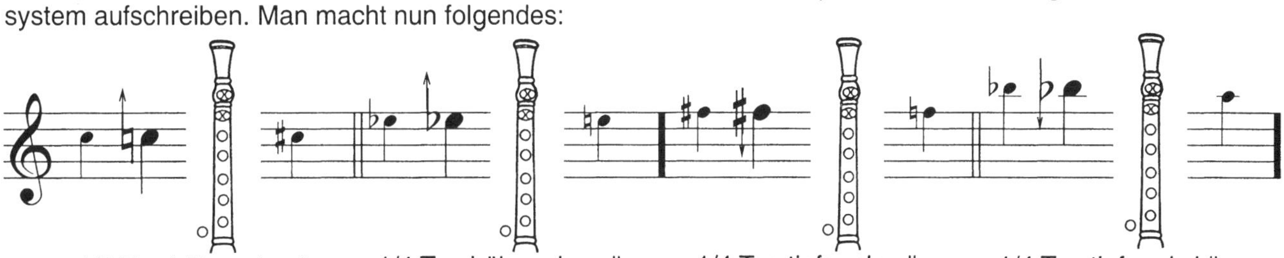

1/4 Ton höher als c"	1/4 Ton höher als es"	1/4 Ton tiefer als e"	1/4 Ton tiefer als b"
c" - **X** - - - - cis"	es" - **X** - - - - - e"	e" - **X** - - - - - - es"	b" - **X** - - - - - - a"

Spiele die Töne, zwischen denen der Viertelton liegt, einige Male hintereinander und suche dann den Griff für den Ton dazwischen. Zeichne den Griff ein. Spiele dann hinauf und hinunter (Bsp: c"-X-cis"-X-c" usw.).

Sehr hohe Töne (blase kräftig!)

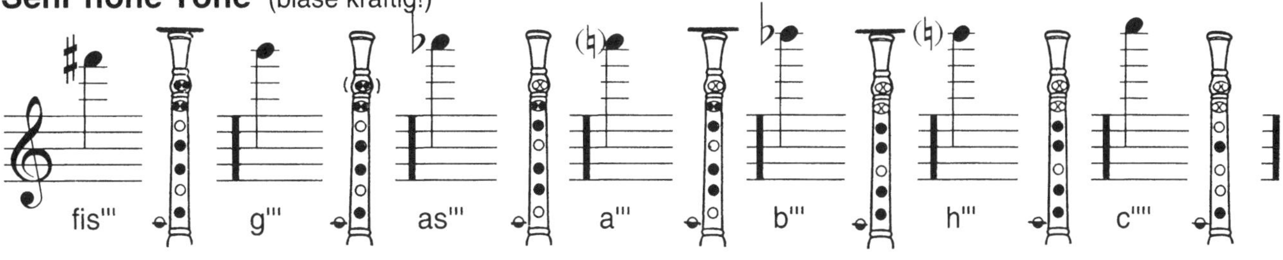

Akkordton

Wusstest du, dass du mehr als einen Ton gleichzeitig auf deinem Instrument spielen kannst? Die Töne klingen dabei natürlich nicht so 'schön', da sich die beiden etwas stören, aber es ist doch möglich, zwei, in einigen Fällen sogar drei Töne gleichzeitig zu spielen. Solche Mehrklänge oder Akkordklänge, wie sie auch heissen, kommen heute sehr oft vor. Die besten Resultate erzielst du mit Gabelgriffen mit geschlossenem Daumenloch, die du etwas zu stark anbläst. Oft sind in den Stücken die Griffe genau angegeben. Falls nicht, suchst du einfach den Griff, der den zwei normalen Griffen für beide Töne möglichst ähnlich ist.

Ein Beispiel:

Stimme

Eine weitere Möglichkeit, mehrstimmige Töne zu erzeugen, ist das gleichzeitige Singen und Spielen. Je tiefer deine Stimme dabei ist, desto rauer wird der Blockflötenton. Ist der gesungene Ton höher als der gespielte, klingt die Blockflöte fast normal.

Experimentiere mit Lautstärke und Klangfarbe von Stimme und Instrument. Du kannst verhaucht und zart oder gepresst kehlig singen.

Suche ein Lied in deinem Singbuch, spiele die erste Stimme und singe sie mit.

Spiele die erste Stimme des Liedes und singe immer den gleichen Ton dazu (z. Bsp. den Grundton der Tonart oder die Quinte). Das klingt dann ähnlich wie ein Dudelsack, bei dem die Bordunpfeifen immer den gleichen Ton mitspielen.

Versuche die erste Stimme zu singen und die zweite zu spielen. Kannst du sogar zur Flöte im Kanon singen?

Lindas Traum

Spiele dieses Stück ganz frei, du darfst im Tempo langsamer und wieder schneller werden.

C. Sch.

Was hat Linda wohl geträumt?

Tremolo (Intervalltriller)

Den Triller kennst du aus der alten Musik. Man hat früher vor allem mit der oberen Nachbarnote getrillert, aber auch mit weiter entfernten Tönen. In der neuen Musik können Triller mit allen erdenklichen Intervallen vorkommen. Man nennt sie dann Tremolo. Da kann es manchmal ganz schwierige und sogar unmögliche Griffkombinationen geben! In solchen Fällen gilt es zu überlegen, ob es mit Hilfsgriffen einfacher wäre oder ob vielleicht gerade der wilde Klang eines unvollkommenen Tremolos in der Komposition beabsichtigt ist.

Erfinde selber und spiele:

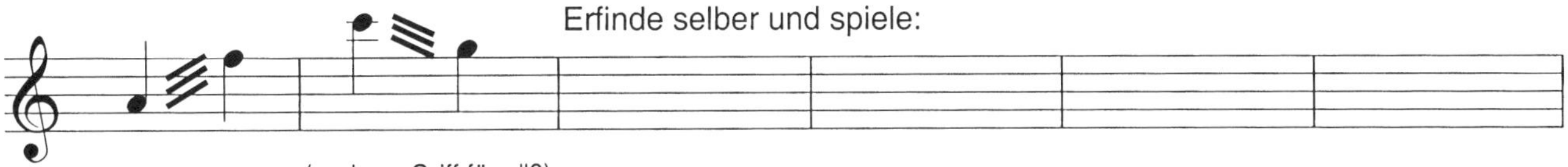

(anderer Griff für g"?)

Vibrato

Auf der Blockflöte ist es in allen Musikstilen unüblich (weil wirklich unschön), jeden Ton mit einem Vibrato zu "verzieren". Sparsam und im richtigen Moment eingesetzt gibt es der Musik aber eine besondere Note. Du findest in vielen heutigen Kompositionen Bezeichnungen bei einzelnen Tönen: **v. = vibrato** (mit Vibrato) **s.v. = senza vibrato** (ohne Vibrato), **m.v. = molto vibrato** (viel Vibrato).

Bei allen Arten des Vibratos sind Tonhöhe, Klangfarben und Lautstärke beteiligt, aber nicht alle gleich stark.

Das Atemvibrato entsteht durch eine wellenartige Bewegung deiner Atemluft. Hier vibriert vor allem die Lautstärke.

Das Fingervibrato (frz. 'flattement') wird mit einem oder mehreren Fingern am Rand benachbarter Löcher oder auf einem entfernten ganzen Loch gemacht. Dabei kannst du entweder weiche runde Bewegungen oder eine Trillerbewegung machen. Beim Fingervibrato bewegt sich vor allem die Tonhöhe.

Das Labialvibrato entsteht durch die Bewegung eines Fingers oder der ganzen Handfläche am Labium. Je nachdem wo genau du vibrierst, wird mehr die Tonhöhe, die Lautstärke oder die Klangfarbe beeinflusst. Ausprobieren führt zu überraschenden Ergebnissen!

Beim **Kehlkopfvibrato** (frz. 'chevroter') meckerst du wie eine Ziege ohne Stimme in die Flöte. Lautstärke und Tonhöhe sind dabei stark in Bewegung.

Beim **Zungenvibrato** sprichst du, ohne den Luftstrom zu unterbrechen: "Lulululululu" in die Flöte, was sich hauptsächlich auf die Lautstärke auswirkt.

Das **Lippenvibrato** entsteht, wenn du mit lockeren Lippen entweder dein Instrument oder den Kopf leicht schüttelst. Hier vibrieren besonders Lautstärke und Tonhöhe.

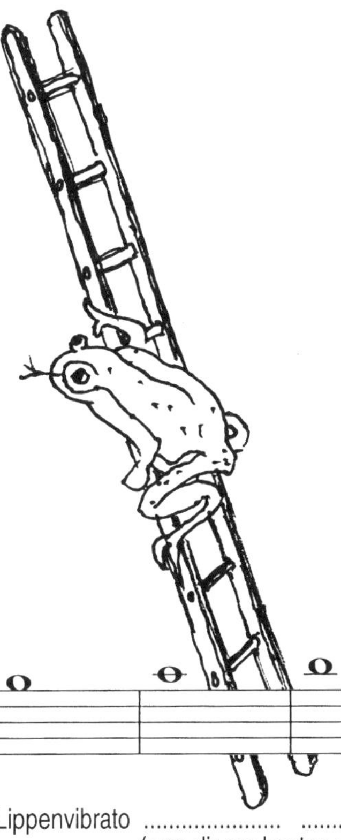

Der frierende Frosch auf seiner Leiter

(Man sollte zwar nicht jeden Ton mit Vibrato verzieren!! Dies ist aber nur eine Übung, bei der du die verschiedenen Arten ausprobieren kannst.)

Atemvibrato Fingervibrato Labialvibrato Kehlkopfvibrato Zungenvibrato Lippenvibrato ....
(was dir am besten gefällt)

Artikulation

Alle Silben, die in der alten Musik verwendet werden (tü, dü, rü, dege, lere und didl), brauchst du auch in der neuen Musik. Daneben darfst du alles Machbare verwenden:

"B / P" sind geräuschhafte, kurze Explosivlaute. Lege die Flöte locker auf die Unterlippe.
"C / Z" erzeugen bei geschlossenen oder leicht geöffneten Lippen einen sehr geräuschaften Ton.
"F" mischt auch langen Tönen wenig bis sehr viel Geräusch bei.
"G" kennst du von der Doppelzunge (degedege).
"K / Q" nennt man guturaler Ansatz. Dieser bewirkt ein starkes, dunkles Geräusch zu Beginn des Tones.
"L" siehe Zungenvibrato.
"S / Sch" mischen mit leicht geöffnetem Mund den Tönen ein Geräusch bei.

Sputato

Wenn dir oder dem Komponisten 'P', 'T', 'Pf' usw. zu wenig explodiert, sollst du ein richtiges Sputato ausprobieren: Schliesse den Hals wie vor dem Husten und presse die Luft im Mundraum hinter der Zunge oder den Lippen zusammen. Lass den Zungenspitz fahren oder öffne die Lippen - voilà! Ein Sputato sollte trocken und kurz sein.

Die Flatterzunge "Rrrrrrrr...)

Brauche möglichst keine Kraft, lass deine Zunge einfach in der Atemluft 'flattern'. Du kannst auch ein 'brrr', 'frrr' oder 'trrrr' spielen, wenn es dir hilft, so richtig ins 'Flattern' zu kommen. Für ganz sanfte Flatterzungen eignet sich das Halszäpfchen - R besonders gut. Bei lauten Tönen wird allerdings ein schweizerisches 'ch' daraus.

Schräger Ansatz

Halte die Flöte wie eine Querflöte und blase schräg hinein. Die Luft strömt so zum Teil an der Kernspalte vorbei und es entsteht ein 'rauschiger' Ton. Deine Flöte klingt wie eine südamerikanische Quena.

Suche ein Stück oder ein Lied und spiele es mit verschiedenen Artikulationen! Spielt einander vor!
Schreibe die Artikulationssilben unter die Töne.

Noch mehr!

Wenn dir die vielen Möglichkeiten der typischen Bockflötenklänge noch zu wenige sind, kannst du auch andere Instrumente nachahmen:

Querflöte: Blase ins oberste oder zweitoberste Loch wie in eine Querflöte! Mit etwas Übung und Glück bringst du sie wirklich zum Klingen!

Trompete: Nimm das Kopfstück von deinem Instrument und blase hinein wie in eine Trompete. Tiefe Töne sind am einfachsten.

Schlaghölzer: Schlage die auseinandergenommenen Flötenteile sanft aneinander.

Wenn du mit dem Fingerring leicht gegen das Rohr klopfst oder locker mit den Fingern auf die Grifflöcher schlägst, klingt es wie Regen. Mehr oder weniger starke Schläge mit der Handfläche auf die Ausblasöffnung erzeugen 'Trommelschläge' verschiedener Lautstärke.

Interessante, **fast exotische Tonleitern** kriegst du, wenn du ohne das Fussstück spielst.

Tanzende Finger

Du kannst mit allen Fingern oder auch nur mit denjenigen der linken oder rechten Hand auf den Löchern tanzen. Bei leicht geöffnetem Daumenloch erreichst du sehr hohe Töne.

andante / furioso

C. Sch.

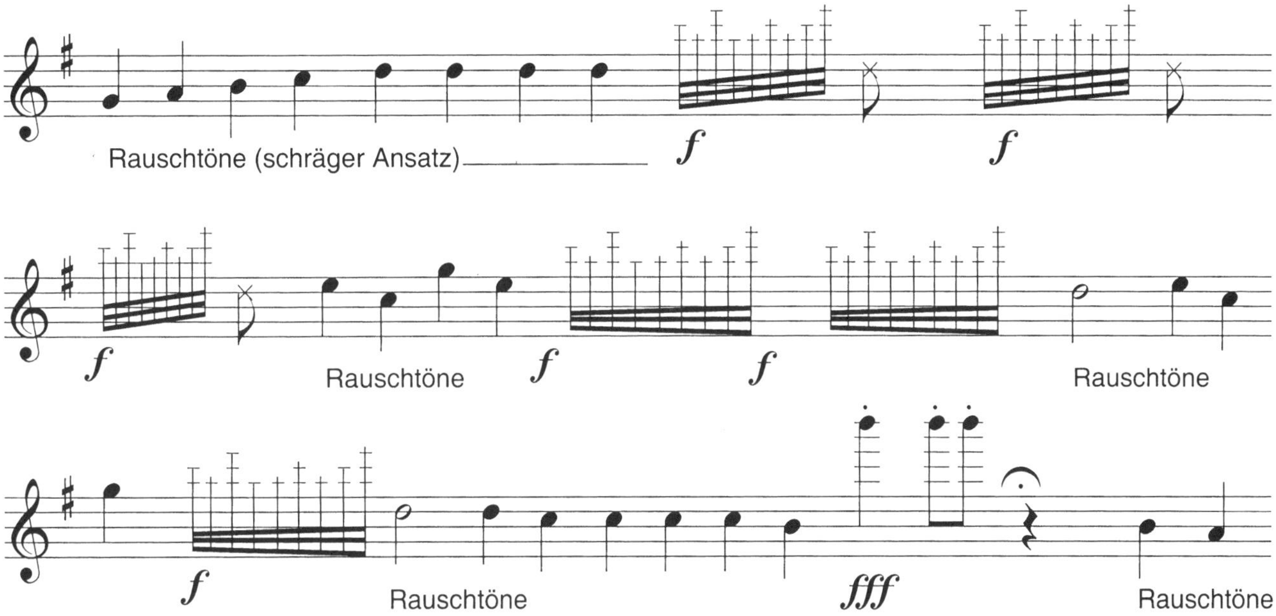

Ihr könnt das Stück auch als Duett spielen, wobei der 'Fuchs' das ganze Lied (ohne spezielle Pausen) spielt und die Gänse immer wieder schreien. Wer spielt die 'Schüsse'?

Wir illustrieren ein Gedicht

Wer möchte das Gedicht lesen?

Möglichkeiten zur Illustration
(eigene Ideen haben immer Vorrang)

Zwei Musikanten
Leda Mileva

Der Wind, der Wind,
ist der kein Musikant?

Luft- und Windgeräusche:

- verschiedene Glissandi
- aus kleiner Distanz in Grifflöcher oder Labium blasen
- Kopfstück drehen, Melodien greifen und ins Labium blasen

Wenn auch Oper, Konzertsäle nichts für ihn sind,
so zieht er doch mit Musik übers Land,
über Felder,
durch Wälder,
durch enge Gassen,
auf Plätzen muss er sich hören lassen

Nach jeder Zeile den Wind 'heulen' lassen.

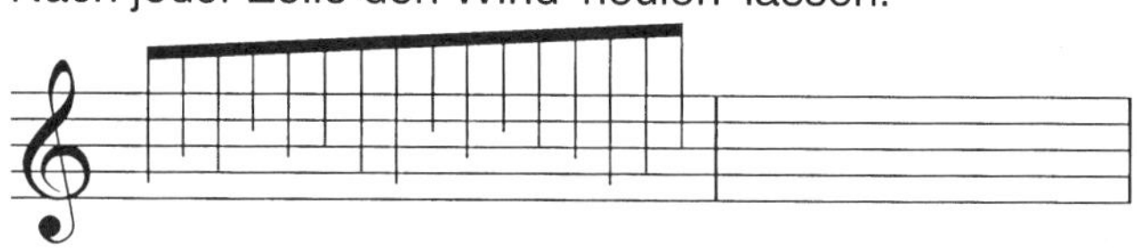

Leute schwatzen (Die Finger der r. Hand tanzen.) und der Wind heult. (wie oben)

Am frühen Morgen beschliesst er schon:
Heut auf der Flöte mit hellem* Ton. (*orig. 'silbernem')
Schon bläst er ein Tanzlied leis
und dreht sich selber im Kreis.

Sucht ein Stück, das dieses Tanzlied sein könnte und spielt es an dieser Stelle. Vielleicht könnt ihr an Stelle von Läufen Glissandi einsetzen oder das Stück sonst etwas 'windiger' gestalten.

Sobald der Regen
die Flöte vernimmt,
lässt er sich bewegen,
kommt und stimmt
munter sein Instrument. Was spielt er?
Das zu erraten ist nicht schwer:
Der Regen ist Trommler. Er trommelt aufs Dach.
trommelt die Fenster, die schlafen, wach,
trommelt auf Traufen, auf Dachrinnen auch,
auf Tannen und Pappeln,
lässt Zweige zappeln,
trommelt auf Pfützen,
auf Schirme und Mützen,
auf Bürgersteige! An jeden First
trommelt der Regen, bis er zerbirst

Mit den Fingern auf die Löcher schlagen / leicht mit dem Fingerring (oder mehreren) an die Flöte klopfen / Flöte auseinander nehmen und mit den Teilen wie mit Schlaghölzern spielen / Pfützen: Artikulation "pf"etc. Ihr könnt natürlich auch die Finger auf einem Tamburin oder Waschbrett (bei Traufen und Dachrinnen) tanzen lassen.

und weitertrommelt.

Regelmässig und leise 'trommeln', während das Gedicht weiter gesprochen wird.

Und dazu bläst
der Wind die Flöte hoch im Geäst.

Nun setzt die Flöte zur Trommel ein. Spiele frei oder das **Duett von Regen und Wind.**

Das gibt ein muntres Duett,
ein schönes Duett, ein wildes Duett!

Duett von Regen und Wind (der Wind 'trommelt' regelmässig dazu)

Spiele alle h'' auf der 1. Linie mit dem Zeigefinger, damit du einen Finger nach dem andern auflegen bzw. wegziehen kannst und greife alle g'' wie g' und überblase den Ton.

mit schrägem Ansatz

ruhig, langsam

Trillerloch nur halb bedecken, *pp*
wie Flattement - langsamer werden ... .. Flöte und Trommel immer leiser ...

Wer weiss, wie's geschah?
Die Vögel waren auf einmal da!

Jeder wählt eine Vogelstimme (siehe Seiten 63, 74 und 75).
Veranstaltet ein Vogelkonzert: Manchmal hört man nur eine Stimme, dann zwei oder drei. Manchmal ist es ganz still. Ihr könnt euch auch im Raum verteilen.

Krokusse, blond,
gingen auf wie der Mond.
Sie hörten den Musikanten zu,
die da gaben keine Minute Ruh.

Wind und Regen beginnen wieder leise zu spielen, während der Sprecher weiterspricht. Versucht frei zu improvisieren oder notiert Eure Ideen:

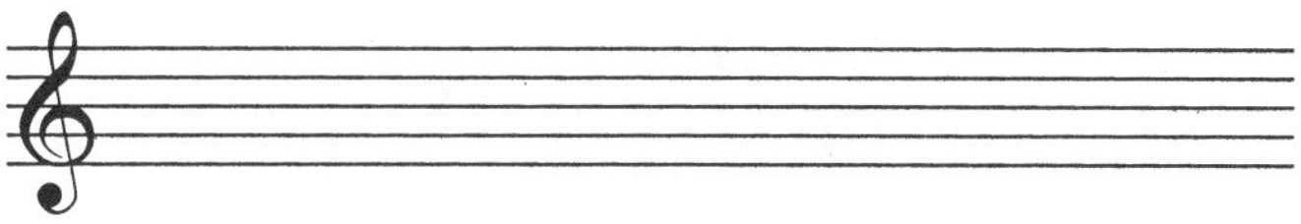

Vom Morgen bis in die tiefe Nacht
haben Wind und Regen Musik gemacht,
bis am andern Morgen ein jeder fand:

Wind und Regen werden wieder leiser und verstummen.

Der Frühling kam wieder in unser Land.

Sucht ein Frühlingslied und spielt es.

Der Frühling kam wieder in unser Land.
Er öffnet die Blätter an Baum und Strauch
so heimlich, als wär's nicht ein uralter Brauch.
Und er lauscht auf das Duett wie ein Kind,
das zum erstenmal hört den Regen, den Wind.

Regen und Wind spielen noch einmal das Duett auf der vorangehenden Seite.

❋❋

Suche selber Gedichte und Geschichten, die du 'vertonen' kannst!

Hier noch ein paar Vorschläge:

Ein Autofahrer aus Saarbrücken
sah auf der Windschutzscheibe Mücken.
Da machte er in der Erregung
eine spontane Handbewegung.

Die Handbewegung via Steuer
erwies sich als ganz ungeheuer.
Der Wagen jedenfalls blieb liegen.
Die Mücken sah man weiterfliegen.

Ein Automobilist aus Benken,
der hatte Mühe mit dem Lenken
und fuhr im Zickzack ziemlich lang
als wäre er am Slalomhang -
das gab der Polizei zu denken ...

Sonnenuntergang

Ein Fräulein stand am Meere
Und seufzte lang und bang,
Es rührte sie so sehre
Der Sonnenuntergang.

Mein Fräulein! Sein sie munter,
Das ist ein altes Stück;
Hier vorne geht sie unter
Und kehrt von hinten zurück.

Heinrich Heine (1797-18569

Humor

Es sitzt ein Vogel auf dem Leim,
er flattert sehr und kann nicht heim.
Ein schwarzer Kater schleicht herzu,
die Krallen scharf, die Augen gluh.
Am Baum hinauf und immer höher
kommt er dem armen Vogel näher.
Der Vogel denkt: "Weil das so ist
und weil mich doch der Kater frisst,
so will ich keine Zeit verlieren,
will noch ein wenig quinquillieren
und lustig pfeifen wie zuvor."
Der Vogel, scheint mir, hat Humor.

Wilhelm Busch

Fussballspiel

Heute spielen wir miteinander auf eine spezielle Art Fussball. Jeder spielt gegen jeden. Wählt einen Reporter! Er ist zugleich auch Spielleiter und Schiedsrichter. So pfeift er:

sprich "trrrrr" in die Flöte.

Du und alle andern im Team haben jeder eine eigene Melodie, ein Thema. Du spielst deine Melodie, solange du am Ball bist. Wann und wie lange du am Ball bist, hörst du vom Reporter.

Erfinde deine eigene, kurze Melodie! Du kannst alle neuen Spieltechniken einbeziehen. Schaue die Seiten 62-68 nochmals durch und lass dich inspirieren! Schreibe deine Ideen in Noten und Worten auf:

Beispiele:

Schreibe hier deine Ideen auf und wähle, was dir am besten gefällt:

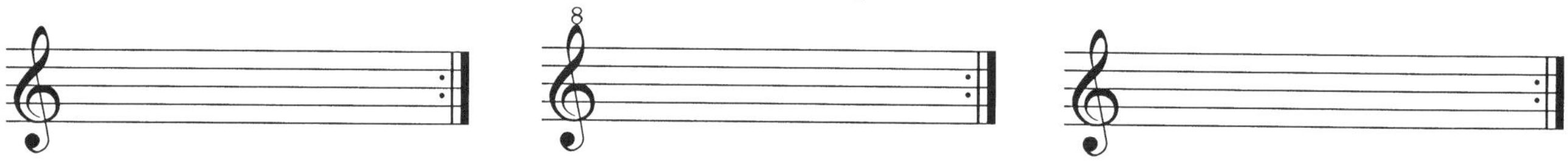

Nun geht es los: Der Reporter sagt, was geschieht. Etwa so: "Das Team der Mannschaft ..... zieht ins Stadion ein. Zuvorderst die Nummer 1: Petra Müller (jetzt spielt Petra ihr Thema zweimal), dann folgt Andreas Weber (Andreas spielt) usw.... Meine werten Zuschauer .... das Spiel beginnt. Jutta ist am Ball (Jutta spielt). Von hinten kommt gefährlich Stefan (Stefan spielt auch) und - - - er rennt vors Tor (Jutta hört auf zu spielen)." *Pfiff!* (alle hören auf zu spielen) "Foul! Petra hat Stefan das Bein gestellt. Freistoss für Jutta (Jutta spielt) ....usw."

Pfiff! (2 mal) "Verehrte Zuschauer, leider ist das Spiel schon zu Ende.
Als Dank für ihre Unterstützung hören sie nun noch den Fussballboogie":

Diese Töne müssen für den Fussballboogie bekannt sein

Zeichne einen Fussball:

Fussballboogie

C. Sch.

Erzähle und spiele!

Vogelkonzert

Die folgende Auswahl soll euch auch als Anregung dienen, weitere Vogelstimmen nachzuahmen. Hört den gefiederten Freunden gut zu. (Auch CD: Hans A. Traber, Meistersinger aus Wald und Feld, TUDOR) Sie zeigen euch genau wie es geht. Übrigens, manchmal geben sie euch Antwort, wenn ihr bei geöffnetem Fenster spielt.

Tauben

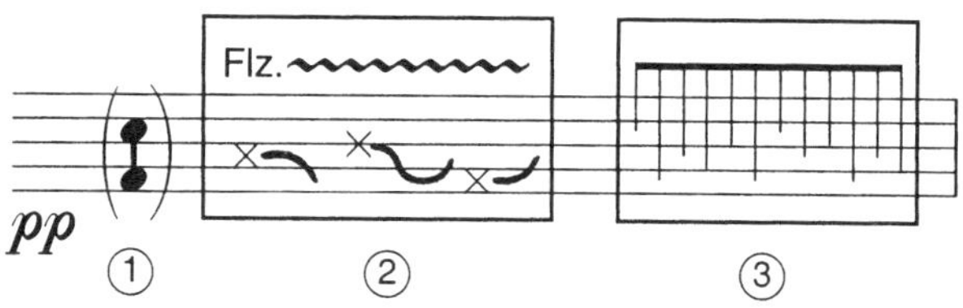

Alles, was in einem Kästchen steht, kannst du, wie in der zeitgenössischen Musik üblich, beliebig oft wiederholen. Beim Vogelkonzert darfst du auch die Reihenfolge der Kästchen frei bestimmen.

① Diese beiden Noten sind eine Anleitung für die beiden Kästchen. Sie bedeuten: Verwende nur Töne zwischen f' und c''.

② Spiele kleine Glissandi mit Flatterzunge!

③ Bewege die Finger der rechten Hand schnell und artikuliere langsam und ganz leise mit "d".

Sommergoldhähnchen [L] sehr wenig geöffnet

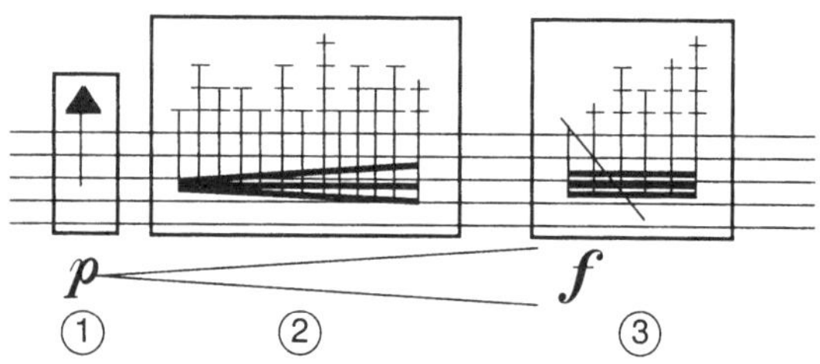

Schliesse das Labium fast ganz mit zwei Fingerkuppen, so dass ein sehr hohes Geräusch entsteht.

① Einzelne kurze Töne

② Schneller und lauter werdende Doppelzunge (dege)

③ Doppelzunge (dege), der Querstrich bedeutet: so schnell als möglich

Huhn [L] hohle Hand, unten anliegend

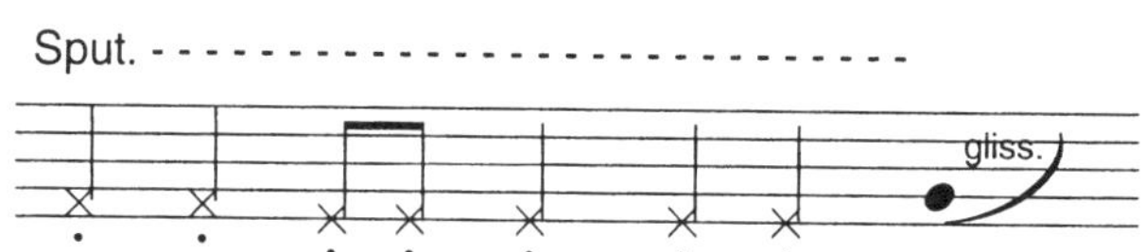

Greife mit der linken Hand ein c''. Die Rechte liegt wie ein nach oben offener Becher am Labium. Der kleine Finger und die Handkante umschliessen am Ende des Labiums das Instrument.

Mönchsgrasmücke [L] hohle Hand, kleiner Raum

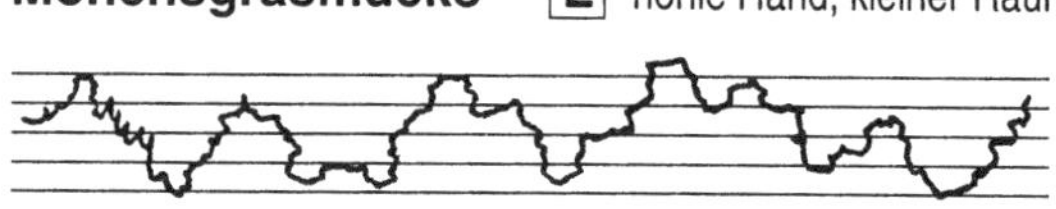

Umschliesse das Kopfstück über dem Labium mit der rechten Hand. Es entsteht ein hoher Pfeifton. Flüstere (ohne Stimme) ganz schnell ins Instrument. Vergiss auch "t" (sput.) und "r" (Flz.) nicht.

Wenn du den Raum über dem Labium etwas vergrösserst, wird der Pfeifton weniger geräuschhaft und aus der Mönchsgrasmücke wird eine **Gartengrasmücke.**

Nun kannst du öfter mal ein raues, kurzes "ch" einfügen und schon hast du das Lied der **Dorngrasmücke**.

Wechselst du nur noch ab zwischen regelmässig "ch" und "teketeke ...", hast du auch die **Klappergrasmücke** nachgemacht.

 Kopieren? Siehe Seite 2.

Feldschwirl [L] 2 Finger, kleine Öffnung

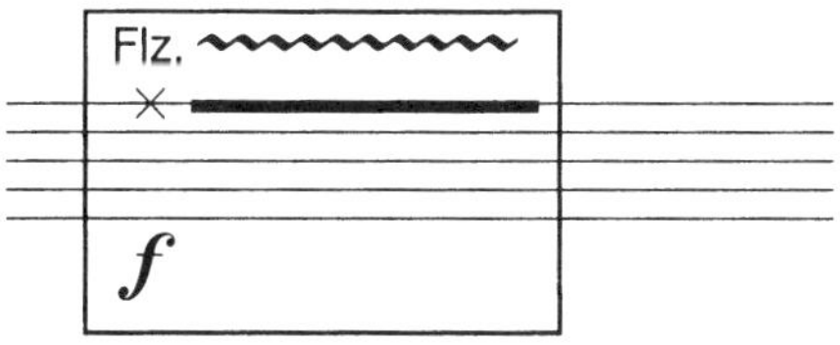

Lege zwei Finger über das Labium und schliesse das Fenster mit den Fingerkuppen so, dass du die linke Seitenwand spürst. Ein sehr hoher und geräuschhafter Ton entsteht. Spiele nun lange Noten mit einer starken Flatterzunge (wie ein Maschinengewehr).

Zilpzalp [L] Finger nicht ganz nah

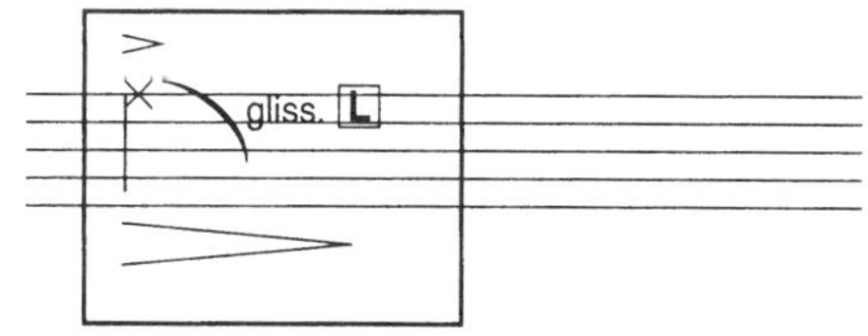

Umschliesse wieder den Flötenkopf über dem Labium. Nun öffne wenig die zwei Finger, die über dem Labium liegen. Spiele akzentuierte, kürzere Töne, die verklingen, während du die beiden Finger schliesst.

Waldlaubsänger

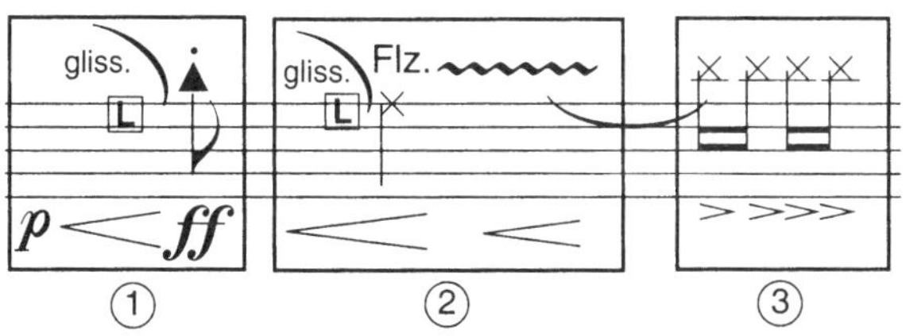

Beim Waldlaubsänger macht die Hand über dem Labium genau dasselbe wie beim Zilpzalp, nur spielst du diesmal

① kurze Töne mit starkem crescendo.

② gleich wie ①, aber auf dem Höhepunkt mit Flatterzunge stehen bleiben.

③ manchmal hängst du ein "teke..." an.

Feldlerche [L]

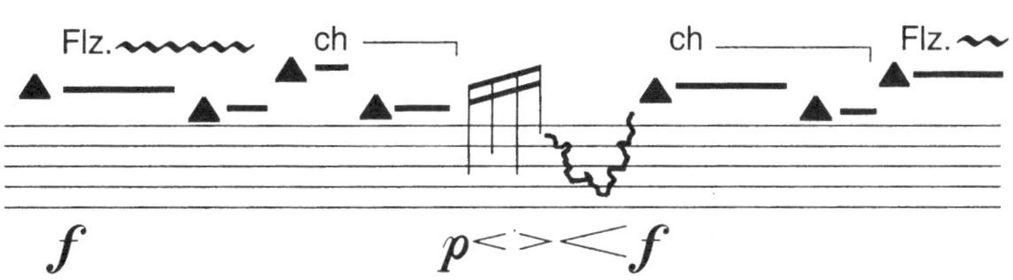

Umschliesse das Labium für die hohen Töne wie bei der Mönchsgrasmücke. Die Feldlerche trillert fast pausenlos und unterbricht ihr Lied nur durch kurzes "Geschwätz".
Um die hohen Töne leicht zu variieren, veränderst du die Stellung der Hand über dem Labium. Für die Triller brauchst du abwechselnd Flatterzunge und ein weiches "ch". Für das "Geschwätz" bleibt die Hand am Labium.

Kuckuck (+ Intonationstrübungen)

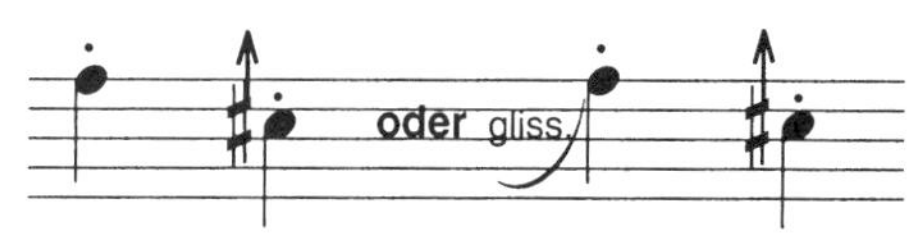

Suche selber verschiedene Griffe für Tonhöhen zwischen cis" und d".

Spatz

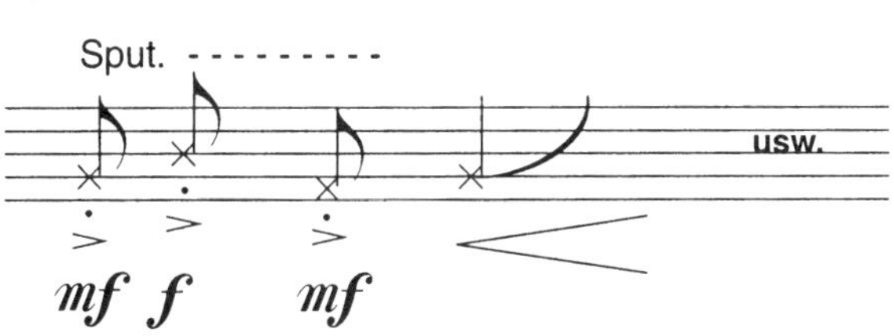

Lege deine rechte Hand ganz flach auf das Labium, so dass ein sehr geräuschhafter Ton entsteht.

Amsel

Das schöne Lied einer Amsel ist natürlich schwierig nachzuahmen. Aber du kannst es versuchen: Höre ihr zuerst ganz genau zu.

Wenn deine Hand so über dem Labium liegt, dass über dem Fenster ein grosser Hohlraum entsteht, hast du schon ungefähr den hellen Flötenton der Amsel. Jetzt flüsterst du nur noch in ruhigem Tempo und mit viel "r" in deine Flöte und veränderst dabei immer den Hohlraum über dem Labium - voilà!

Schwankungen der Gefühle

C. Sch.

Erzähle und spiele!

Ein paar Vorschläge zur Improvisation als Anregung zu eigenen Ideen und Experimenten

Improvisationen werden nie mit "richtig" oder "falsch" bewertet. Ermutigung ist wichtig.

1. Nadia spielt eine neue Spieltechnik (Tremolo, Flatterzunge, Glissando, Akkordton, mit Stimme, Vibrato, schräger Ansatz oder irgend eine spezielle Artikulation). Die andern sagen, wie die Technik heisst und versuchen, was sie gehört haben, nachzuspielen.

2. Zwei Kinder stehen sich gegenüber und spielen abwechslungsweise und gleichmässig wie eine Maschine einen Ton (auch zwei oder drei Töne) . Spielt auch eine Maschine, die quitscht oder faucht, zischt oder stöhnt.

3. Wie Nr. 3, aber die Maschine geht reihum.

4. Zwei Schwalben segeln hintereinander her: Der erste Spieler spielt langsam drei aneinanderliegende Töne zusammengebunden und hält den letzten so lange aus, bis der zweite Spieler, der ihm nach spielt, den gleichen Ton erreicht hat. Dann 'fliegt' der erste wieder fort.

4a Wie Nr. 4, aber die Melodie enthält ein Glissando oder einen Ton mit Flatterzunge oder einen Akkordton. Akkordton.

5. Jeder spielt drei oder mehr verschiedene Töne einen Atem lang. Ruhig einatmen und wieder irgendwann einsetzen.

   5a Wie Nr. 5, aber einen der Töne mit einem Triller, Fingervibrato, Glissando etc.

6. Alle sitzen im Kreis. Kathrin steht auf und spielt wiederholt einen langen Ton oder eine kleine Melodie. Nun erhebt sich ihre Nachbarin und spielt 'ihre' Melodie dazu, dann folgt der nächste Schüler.Wenn der vierte einsetzt, setzt sich Kathrin wieder hin und hört auf zu spielen usf.

7. Echospiel: Lukas spielt einen Ton. Helene versucht das Echo dazu mit einem Piano-Griff (siehe S. 81). Wenn sie einen guten Griff gefunden hat, spielen die beiden den Ton mit dem Echo mehrmals hintereinander. Susanna und Priska machen dasselbe mit zwei oder drei Tönen.

8. Marktgeschehen: Jeder Spieler preist sein Produkt mit seiner Melodie an, nebeneinander und ineinander. Bsp: "Leute kauft Banaaaaanen!" "Die besten Würste bei Lehmann!" etc. Erkennt ihr, wer was anbietet?

9. Wie 8, aber Vogelkonzert: Jeder Spieler erfindet für sich einen Vogelruf. Wer kann seine Vogelstimme notieren? Siehe auch Seite 74/75.
   Denkt daran, nicht alle Vögel 'konzertieren'. Der Buchfink **schmettert** seine Strophen, der Waldkauz **heul**t, die Stare und Spatzen **schwatzen**, der Pirol **flötet**, die Nachtigall **schlägt**, der Kuckuck **ruft**, die Grauschnäpper **schnirpsen**, der Wachtelkönig **schnarrt**, die Feldschwirle **schwirrt**, die Feldlerche **sing**t, die Rauchschwalben **zwitschern** und **schnurren**, der Zwergtaucher **trillert.**

10. Gespräche: a) zwischen quengelndem Kind, das eine Schokolade möchte und der Mutter, die 'nein' sagt.
    b) zwischen zwei Kindern, die streiten.
    c) ein Kind spricht mit seinem Meerschweinchen.
    d) zwischen zwei Italienern, zwei Amerikanern, zwei Chinesen.

11. Spielt einen aufkommenden Sturm - Blitze - Hagel - Donner - Beruhigung - Sonnenstrahlen in den Wolken. Wer möchte dazu erzählen, was geschieht? Auch mit Schlaginstrumenten.

12. Erfinde einen Wetterbericht! Schreibe ihn auf und während du ihn liest, untermalen die andern mit der Flöte, was passiert.

13. Denk dir irgend eine Geschichte aus und schreibe sie in Stichworten auf. Spiele sie!

14. Alle bringen von den Ferien eine Ansichtskarte mit. Die Karten werden gesammelt und dann aufgelegt. Jeder improvisiert zu seiner Karte, die andern erraten, welche Karte "gespielt" wird.

15. Wie Nr. 14, aber es wird die Stimmung von Gesichtern aus Zeitungen gespielt.

16. Sucht Kalenderbilder, auf denen es verschiedene Höhenzüge gibt (siehe auch Bild unten). Wir spielen auf und ab, wie die Horizontlinien verlaufen, einzeln und zusammen. Esther spielt und die andern erraten, welche Hügelkette sie gespielt hat. Wie würdet ihr den Ballon auf Seite 3 spielen?

17. Sonja malt eine Kurve an die Tafel (Wellen, Zickzack, Treppen, Kreise, auf, ab, gross, klein, etc.) Wer spielt das?

18. Renato macht eine Zeichnung und stellt sich genau vor, wie sie gespielt werden soll. Wer trifft am genauesten die Idee des 'Künstlers', ohne dass dieser vorspielt?

19. Martin ist der Dirigent und die Gruppe spielt nach seinen Bewegungen.

20. Die Gruppe spielt einen (tiefen) Geräuschteppich:
    a) Spielt Tonleitern miteinander oder durcheinander ev. ohne Fussstück der Flöte.
    b) Jeder spielt 5 Töne, je einen Atem lang. Bei einem Ton darf er einen Triller/Fingerfibrato machen.
    c) Erfindet Melodien und spielt mit schrägem Ansatz.
    d) Spielt lange Töne mit Stimme.
    e) Lasst die Finger tanzen oder spielt nur Glissandi.

    Heinz darf ein Solo dazu spielen, dann Susanna usw.

21. Konzert ist angesagt: Alle Spieler sitzen und beginnen mit einem Tutti. Sie treffen dazu vorher einige Abmachungen: Welche oder keine Tonart? Welchen Charakter soll das Stück haben? Welche Effekte wollen wir einsetzen (Artikulationen? Glissandi? etc) Wie wollen wir abschliessen? Tutti - Solo - Tutti - Solo .... bis alle einmal Solo gespielt haben. Die Solisten stehen auf, wenn sie spielen und das Orchester schweigt, bis sie sich wieder setzen.

20. Wie Nr. 21, aber ohne Abmachungen. Ihr müsst gut aufeinander hören und reagieren.

Hast du noch weitere Ideen?

Wie klingt es, wenn ...

... ein Wasserhahn immer schneller tropft?
... der Bach gurgelt?
... das Polizeiauto vorbeifährt?
... der Jäger in sein Horn bläst?
... der Wecker rasselt?
... die Teekanne zischt?
... das Postauto hornt?
... die Bremsen quitschen?
... der Brunnen plätschert?
... der Wind im Herbst Blätter herumwirbelt?
... die Katze schnurrt und miaut?
... ein Raddampfer anlegt?
... die Mutter deinen Namen ruft?
... der Regen aufs Dachfenster prasselt?
... eine Schlange zischt?

Wie klingt es in dir, wenn

... du dich auf deinen Geburtstag freust?
... du traurig bist?
... dein Kopf schmerzt?
... du müde bist?
... deine Aufgaben fertig hast?
... du zum Zahnarzt gehen musst?

Lass dich von deiner Umgebung inspirieren!
Wie könnte dieses Plakat klingen?

Tschüss!